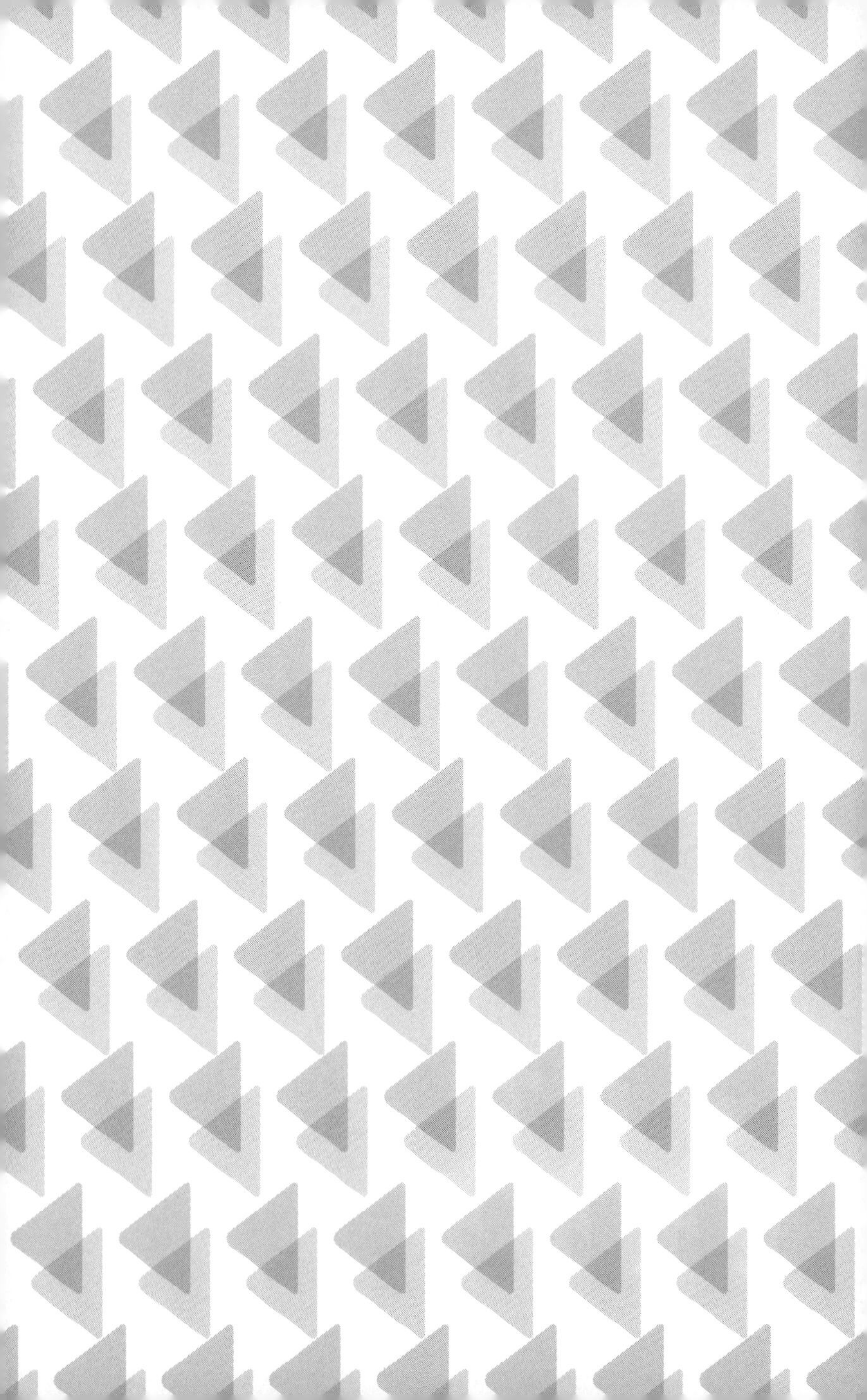

「人生の質」を上げる習慣

LIFE HACKS 100

ライフハック100

内藤誼人

SOGO HOREI PUBLISHING CO., LTD

まえがき

本書のタイトルにある、「ハック」（ＨＡＣＫ）という言葉は、耳慣れない言葉かもしれません。その意味は、日常生活で役に立つ、ちょっとした「コツ」や「テクニック」や「工夫」や「ノウハウ」のことを指します。

これにより、人生の無駄を減らし、ストレスを軽減し、生産性や生活の質を向上させることができます。

知っておくと、生きる上で必ず役立つのが「ライフハック」です。

本書では、心理学という学問で明らかにされてきたライフハックの数々をご紹介していきます。日常生活やビジネスシーン、人生のさまざまな局面で役に立つと思われる便利な工夫をこれからたっぷりとご紹介していきます。

とはいえ、いったいどのようなハックが取り上げられているのかが気になる読者もいらっしゃると思いますので、いくつかの例を挙げてみましょう

●自宅で筋トレをするのなら、鏡の前でやる
●枕を少し高くすると、ぐっすり眠れる
●人気者になりたければ、「モンスターハンター」で遊ぶ
●仕事中に貧乏ゆすりをすると、死亡リスクが減らせる

少しは興味が出てきたのではないでしょうか。
幸せな人生を送る上で、ハックを知っていることは非常に重要です。「こうすると時短できるよ」「こうすると健康になれるよ」「こうすると効率よく勉強できるよ」というハックの知識をたくさん覚えれば覚えるほど、人生で出会う問題や苦労を相当に軽減できるようになります。だから幸せになれるのです。ハックを知っているだけで、一度きりの人生が最高の人生へと変わります。

料理をするとき、下準備をちょっとやっておくだけで、その後の工程がびっくりするほどラクになることがありますが、ライフハックも同じです。ほんの少しでもライフハックを利用すれば、これまでとはまったく違った結果を得ることができるでしょう。

本書のハックを実践していただければ、「どうしてこんなに便利なことをこれまでやってこなかったのだろう」という悔しい気持ちになるかもしれません。驚くような効果を、ぜひ読者のみなさん自身にも味わっていただきたいと思います。

なお、本書で取り上げるハックの数々は、すべて査読付きの学術雑誌に発表されている論文に基づいています。本書では、88項目の中に私が厳選した「ライフハック」100以上の関連する研究成果を紹介しております。研究で明らかにされている「ライフハック」を使えば、今よりももっとラクに人生を歩むことができます。仕事も生産性が上がりますし、人付き合いもうまくいくようになりますし、病気も予防できますし、頭もよくなりますし、子育ても、夫婦関係もうまくいきます。

とはいえ専門書ではありませんので、できるだけ平易に、だれにとってもわかりやすい本になるように心がけました。ぜひ気軽にお読みいただければ、と思います。

それでは、最後までよろしくお付き合いください。

本書の効果

朝型の習慣が身につく

人生で大切なものがわかる

何歳からでも成長できる

人間関係が良好になる

心身ともに健康になる

やる気の出し方がわかる

ダイエットが成功できる

毎日が楽しくなる

仕事の効率が上がる

よいアイデアが出せるようになる

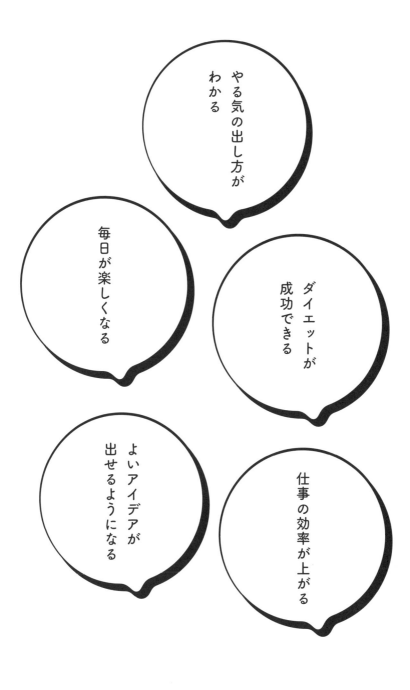

目次

まえがき……2

第1章

日常で使えるライフハック

お金持ちになっても幸福になれるとは限らない……16
没頭できることがあるということが幸せにつながる。……19
お願いをするときには、細かい数字を入れる……22
記録をつけるだけで、行動は変わる……25
枕を高くしたほうが快眠できる……28
階段を使うようにすると健康になれる……31
ダイエットをしているときは少し面倒くさくする……34
ダイエットをしているときは「ながら食べ」をしない……37
太陽の光を浴びるとメンタルヘルスに効く……40
公園を散歩するとやる気が出る……43
田舎暮らしのほうがお金を貯めやすい……46

将来を予測するときには、かなり下の予想をしておく 49
注意書きを作るときには、できるだけ丁寧な言葉を使う 52
いろいろなところに顔を出してみる 55
メンタルの病気が増えている怖い理由を知る 58

第2章 人に好かれるライフハック

小説を読むと人の心が見抜けるようになる 62
他の人と一緒にいるときにはスマホはしまう 65
聞き上手になるコツは、相手を真似ること 68
職場の人気者になりたいなら、「モンハン」で遊ぶ 71
前傾姿勢で、相手を正面から見つめると好印象 74
スマホがあると、付き合いも楽しめなくなる 77
たくさん質問してあげると好かれる 80
温かい性格の人でも、冷たくなるときがある 83
笑顔を絶やさないようにすると誰から好かれる 86
女性がどんな男性がタイプなのかは、簡単に見抜ける 89

嫌いな人にこそ、積極的に話しかける 92
はっきりと敵であったほうがよい 95
傍観者は、そんなに冷淡でもない 98
イライラしたら、自分の足裏に集中してみる 101

第3章

幸せになれるライフハック

人間関係が良好なほど、幸せになれる 106
野菜と果物をたくさん食べると幸福度が高まる 109
1日5000歩でうつ病を予防できる 112
寄付をすると自分が幸せになれる 115
ペットを飼う人ほど医者にかかる回数が少ない 118
長生きするために友だちをつくる 121
美人とイケメンは、本当に幸せなの? 124
早起きするをするとポジティブになれる 127
何をするにも、まずは鏡を見てから 130
一番恩恵を受ける人が、一番乗り気になれない心理 133

中途半端に社員にお金をあげるのは効果がない　136
セックスをするとやる気が出る　139
外国に行かないほうがいいタイミングがある　142
学歴が高い人ほど、物わかりがいい　144
天気によって投票行動が変わる　147
猛暑が人をイライラさせる　150

第4章

仕事に使えるライフハック

デスクワークをしながら、貧乏ゆすりをする　154
なるべく自分を大きく見せるようにする　157
できる人の隣で仕事をすると効率が上がる　160
話の最中には、「あの～」「ええと」は使わない　163
身なりを整えると信頼してもらえる　166
説明は少しくどいほうがいい　169
スピーチをするときには、準備しすぎないほうがいい!?　172
助けを求めるときには、明るいところで　175

スマホがあるとパフォーマンスが上がらない 178
悪い報告は必ず先に行う 181
アイデアを出すときには、後半に期待する 184
アイデアを出すときは徹底的に類似商品を調べ上げる 187
交渉中には、相手の顔から目を離さない 190
心が読めるほど、リーダーとしての評価は上がる 193
仕事はできるだけ他の人にまかせる 196
悪事はバレる前に自分から曝露したほうがいい 199
隠しごとは、なるべくしないほうがいい 202
女性を役員に加えるとバランスがよい 205
腐ったリンゴをそもそも入社させない 208

第5章 子育てに使えるライフハック

子どもの質問には、できるだけ向き合ってあげる 212
読み聞かせだけではなく、質問も加えてみる 215
愛情を注ぎすぎるのもよくない 218

テレビをよく見る子ほど、頭がいい!? 221
成績の悪い学生の祖母は、なぜか試験のときに亡くなる 224
父親は子どもがあまり話してくれなくても気にしない 226
生まれた赤ちゃんをしばらくお母さんに抱いてもらう 229
赤ちゃんには何でも食べさせる 232
子どもの命名を間違えると、子どもの人生を狂わせる 235
DVの被害女性が、離婚しない理由 238
離婚しやすくなると、女性の立場は強くなる 241

第6章

思い込みをなくすライフハック

どんな逆境からでも、人は立ち直れる 246
トラウマは本人の思い込みが大きく影響している 249
辛いときには、何でも大変そうに見える 252
見えているのに見えないこともある 255
人間はおかしな思い込みで悩む 258
女性は自分の弱みを、男性は強みをアピールしがち 261

女性のほうが株に向いている？ 264
定年後はレジャーにお金を使う 267
人は都合のよい情報を集めたがる 270
自分が好きなものは、他の人も好きだと思い込む 273

あとがき 276
参考文献 287

装丁：別府拓（Q.design）
本文デザイン：木村勉
DTP＆図表：横内俊彦
校正：矢島規男

第1章

日常で使えるライフハック

お金持ちになっても幸福になれるとは限らない

「もっとたくさんお金があったら幸せになれるのに！」

多くの読者は、そのように思っているかもしれませんが、幸福になれるかどうかとお金にはあまり関係がありません。

米国サザン・カリフォルニア大学のリチャード・イースターリンは、1958年から1987年にかけて日本人の実質所得は5倍も増えたのに、自己申告による幸福度の平均値はほとんど変化していない、という事実を指摘しています。

所得が5倍も増えたら、5倍も幸せになれるのかというと、そうでもないのです。幸福になれるのかどうかは、もっと別のところで決まります。「お金がない、お金がない……」とお金のことばかり考えてしまう人は、次の研究を覚えておくとよいでしょう。

米国クレアモント大学大学院のミハリー・チクゼントミハリは、幸福感というものは、精神的な態度によるものであって、大きな家に住んだり、高級な外車を購入したり、ありあまるほどのお金を持っているかどうかで決まるものではない、と指摘しています。

では、どうすれば幸せになれるのかというと、チクゼントミハリによれば「フロー体験」です。フロー体験というのは、ある活動に完全に没頭して集中している状態のことを指します。

どんなことでもかまいませんので、「これをやっていると時間を忘れて没頭できる」という趣味を持ちましょう。そういう趣味があると、**フロー体験を味わうことができます。そして、結果として幸せな気分にもなれます。**

サッカーが好きな人は、週末にみんなとサッカーをしているときにイヤなことはすっかり忘れてサッカーに集中できるでしょう。ガーデニングが趣味の人は、他の人が嫌がるような雑草抜きや土づくりにも完全に没頭できますし、終わったときには清々《すがすが》しい気分になれるでしょう。

趣味が持てるかどうかで、幸福感は決まるのです。お金とは関係がないということを聞いて、「えっ！」と驚かれる人がいるかもしれませんが、これは本当のことです。

仕事をするのが心から楽しめるという人は、幸せです。特別な趣味などなくても、仕事をしているだけでハッピーになれるのですから、こんなに素晴らしいことはありません。

ココ・シャネルやスティーブ・ジョブズは、とにかく仕事が面白くてしかたがなかったそうです。シャネルは日曜日になると、気が滅入ってしまったという話もあります。シャネルがなぜ日曜日が嫌いだったかというと、休みの日で大好きな仕事ができないからです。

さすがに多くの読者のみなさんは、それほど仕事が好きでもないでしょうから、その代わりに自分の好きな趣味を持つようにしてください。

「う〜ん、あまりやりたいことがないんだけど……」という人は、試験的にいろいろなことにチャレンジしてもいいと思います。楽器を習ったり、未経験のスキーやスノーボードに手を出したりしてみるのもいいでしょう。あれこれ試していると、「これだ！」という趣味に出会えるでしょうし、趣味に没頭していればもっとハッピーな人生を手に入れることができます。

ポイント

お金があるから幸せになれるとは限らない
没頭できることがあるということが幸せにつながる

悩み事があるのなら、紙に書き出してみる

もし悩んでいることがあるのなら、いらない用紙やノートに、自分の悩みを書き出してみましょう。これは「メンタル・ライティング」と呼ばれるライフハックで、悩みを紙に書き出すようにすると、客観的に悩みを判断することができ、「何だ、たいしたことでもないな」ということがわかって気分がスッキリするのです。

頭の中だけで悩みを処理しようとすると、同じことばかりが頭に浮かび、堂々巡りをして収拾がつかなくなります。

その点、時間を決めて悩みごとを書き出してみると、客観的に、冷静に、理性的に悩みごとに向き合うことができるのです。

米国ウェイン州立大学のローリー・ワーナーは、12歳から17歳のぜんそく持ちの患者50人を集めて、メンタル・ライティングの効果を検証しています。

メンタル・ライティングを行うグループには、3日間、自分がストレスに感じたことを

日記に書いてもらいました。比較のための対照に割り当てられたコントロール条件のグループには、「時間の使い方」という、まったくどうでもいいお題を与えて書いてもらいました。

それから2か月後のぜんそくの症状を調べてみると、メンタル・ライティングを行ったグループのほうがはるかに改善していることが明らかにされました。日々のストレスが減ったので、それに合わせてぜんそくも軽減したのでしょう。

モヤモヤした感情は、とにかく紙に書き出してください。書き終わったら、その紙をビリビリに破ったり、手でグシャグシャに握りつぶしたりして、ゴミ箱に捨てましょう。その際、「はい、これでスッキリ!」と声に出していうと、なおさら効果的です。

スペインにあるマドリード自治大学のパブロ・ブリノールは、83人の高校生に、自分の身体についてイヤなところを3分間書いてもらうことで、不愉快な感情を高めてもらいました。次に、自分のイヤなところを書いた紙をビリビリに破ってゴミ箱に投げ込んでもらうと、気分が晴れやかになったのです。

ブリノールによると、私たちの感情は目に見えませんが、紙に書き出すことで自分の抱えている問題や気持ちを外在化することができ、物質的なゴミと同じように心理的なゴミを扱うことができるのだそうです。

感情的なゴミを処理したいのなら、紙に書き出し、グシャグシャに丸めて捨てるのが有効な方法だと言えるでしょう。

「そんなことで本当にスッキリするのかな？」と思うかもしれませんが、騙《だま》されたと思ってやってみてください。驚くような効果が期待できるでしょう。

ポイント

悩み事があったら紙に書き出して、グシャグシャに丸めて捨てる
そうするだけで、驚くほど心がスッキリする

お願いをするときには、細かい数字を入れる

ちょっとしたライフハックなのですが、非常に有効なテクニックをお教えしましょう。それは人に何かを頼むときには、できるだけキリのいい数値を使わないことです。細かい数字を使ったほうが、相手にも承諾してもらえる確率がアップするのです。

たとえば、クライアントに納期を延ばしてもらいたいときには、「10日ほどください」とお願いするのではなく、「あと8日待ってくれませんか？」と伝えたほうが、うまくいきます。「8日というからには、それなりの根拠があるのだろう」と思ってもらえるからです。

親からお金を借りたいのなら、「100万円貸して」ではなく、「82万円貸してください」とお願いしたほうが、すんなり受け入れてもらえるでしょう。キリのいい数値は、何とも怪しげな印象を与えますが、数値が細かくなると、理由があってそのような数値になったのだろう、と相手も思うのです。

■図表① 細かい数値を含めてお願いしたほうがうまくいく

	「37ユーロ持っていませんか?」	「小銭を持っていませんか?」
応じてくれた人(割合)	40人中18人(45%)	40人中6人(15%)

(出典:Gueguen, N.ら、2015より)

フランスの南ブルターニュ大学のニコラス・ゲガーンは、3人の女性アシスタントにお願いし、1人で歩いている人に声をかけて、借金を申し込むという実験をしてみました。ただし、女性のアシスタントは、あるときには「すみません、37ユーロ持ってませんか?」と細かい数値を使い、別の歩行者には「すみません、小銭持ってませんか?」とアバウトなお願いをしました。では、結果はどのようになったのでしょうか。

「37ユーロ」という具体的な数値を使うと、声をかけられたほうも、「ひょっとするとお財布をなくしてしまい、バスに乗れないのだろうか……」などと思うのか、半数近くの人が快くお金を貸してくれました。

この実験でわかるとおり、**人にお願いするときに**

は、細かい数値にしたほうがよいのです。

スタッフの人員を増やしてほしいのなら、「マンパワーが足りないので、何人か増やしてください」ではなく、「あと２人増やしてください」とお願いしてみたほうがうまくいく可能性はずっと高くなります。

人と待ち合わせをするときにも、「午後2時」よりは、「午後2時25分」と決めたほうが、相手は遅刻せずにやってきてくれると思います。特に遅刻魔の人と約束するときには、このテクニックを試してみてください。

ポイント

細かい数字を入れたほうが相手に承諾をもらえる
人にお願いするときはできるだけ細かい数値にしたほうがよい

記録をつけるだけで、行動は変わる

自分の悪い行動を変えたいのなら、記録をとってみるといいでしょう。なぜなら、記録をとっているだけで、それだけで行動に変化が起きるからです。

「ちょっと最近、お酒を飲みすぎだ」と思うのなら、どれだけ飲んだのかの記録を毎日つけるようにするのです。別に「お酒を控えよう」などとしなくてかまいません。あくまでも記録をつけるだけです。いつものように飲んでください。

すると不思議なことに、お酒を飲む量は少しずつ減っていきます。**私たちの行動は、記録をとりはじめると変わる**のです。

このライフハックは、「レコーディング・テクニック」とも呼ばれています。「レコード」というのは、音楽を聴くほうのレコードではなくて、「記録をとる」という意味の英語からきています。

フィンランドにあるタンペレ大学のアーニャ・コスキ＝ヤネスは、飲酒の習慣のある3

43人に、毎日、どれくらい飲んだのかの記録を入力してもらいました。記録をとるのを忘れないよう、特別なウェブサイトを作り、そこに入力してもらうことにしました。するとどうでしょう、3か月後には見事なほどに、実験参加者たちの飲酒量が減少することがわかりました。

しかも半年後にも、1年後にも追跡調査したところ、飲酒量は増えたりしませんでした。レコーディング・テクニックは非常に効果的であることが示されたのです。

「どうして記録をとるだけで？」と思うかもしれませんが、記録をとるようにすると、ほんの少しですが、私たちは自分の行動を意識するようになります。それまではまったく無自覚でやっていたことを、意識するようになるのです。すると悪い行動を改めようという気持ちが生まれ、ごく自然な形で行動が変化していくのです。

ただ漫然と歩いたり、走ったり、泳いだりするのではなく、タイムを計るようにしましょう。すると、頑張ろうという気持ちなど持たなくても、自然にタイムがよくなっていくものなのです。

ダイエットにもレコーディング・テクニックは有効です。自分がどんなものを食べたり、飲んだりしたのかの記録をつけるようにするだけで、何とも不思議なことに摂取カロリーは減っていくのです。間食もしなくなりますし、スーパーに買い物に行くときには、余分なアイスクリームなどを買わなくなっていくものです。記録をとると、食生活も変わってくるのです。

仕事も同じです。自分の作業量の記録をとるようにすると、張り切って仕事をしようというモチベーションを高めようとしなくても、仕事はどんどんスピーディにこなせるようになるものです。

レコーディング・テクニックはいろいろなものに応用ができますので、ぜひ生活に取り入れてみてください。

ポイント

ダイエットでもランニングでも記録をつけると習慣化する
レコーディング・テクニックは非常に効果的なスキル

枕を高くしたほうが快眠できる

眠るときに、枕が高いほうが寝つきがいいという人もいれば、逆に低いほうがよい、という人もいます。これは個人の好みです。個人の好みなので、どちらでもかまわないのかもしれません。

けれども、医療人類学者のシドニー・シンガーは高い枕を勧めています。

なぜかというと、そのほうが快眠できるから。

シンガーは、100人の偏頭痛持ちの患者に、頭を10度から30度高くして眠ってもらいました。すると、**枕を高くしてもらった数日後には、偏頭痛の症状が改善されたばかりか、鼻づまりの症状も軽減され、さらには「ぐっすり気持ちよく眠れた」という報告が増えた**のです。

というわけで、シンガーの報告を参考にすると枕は高いほうがいいのです。

■ 図表② あおむけで眠ったほうが、朝は気分爽快

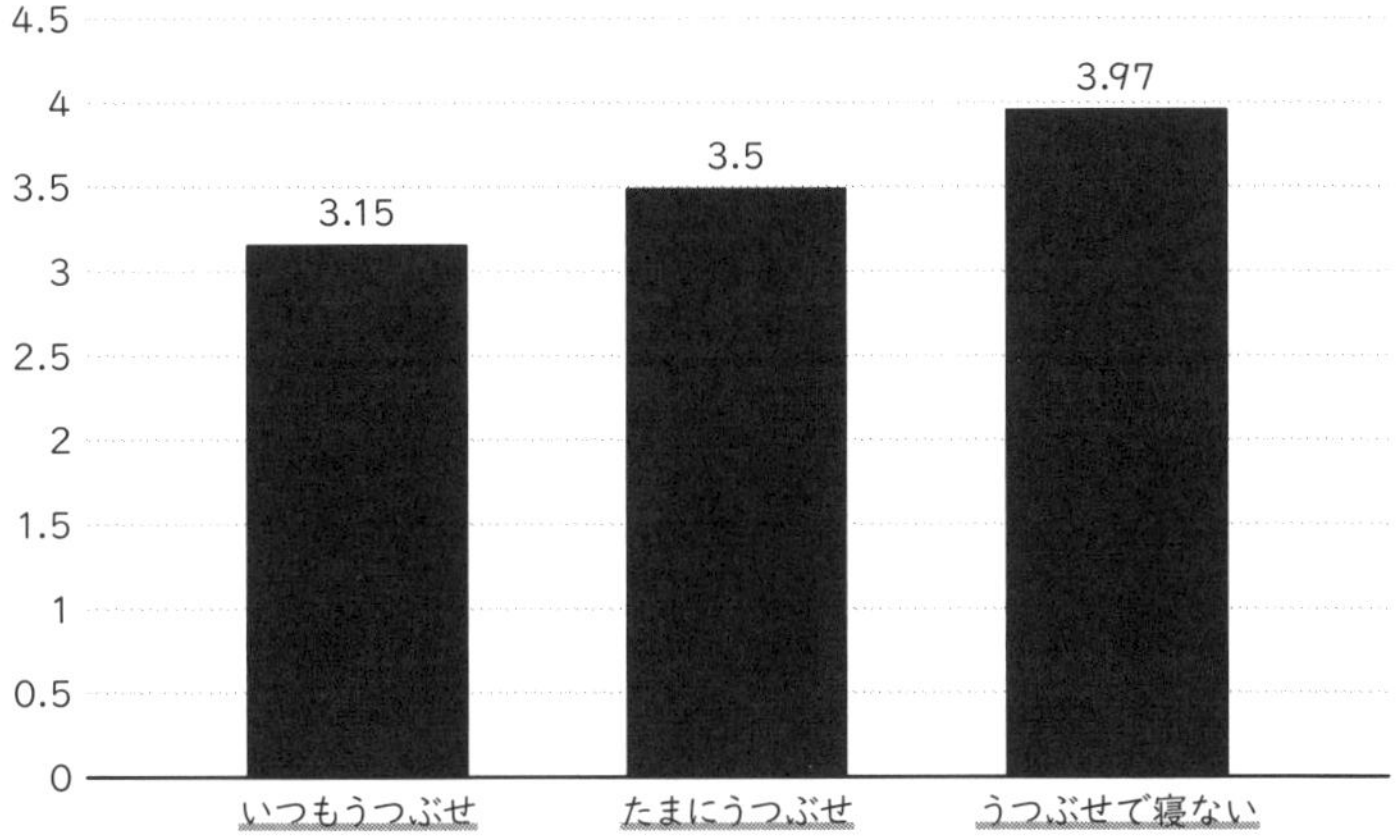

（出典：Sigall, H.ら,2006より）

私も、枕が高くないと寝つきが悪くなるタイプです。ホテルに宿泊するときには、どうしても枕が低く感じるので、バスタオルなどを下に敷いて、枕を高くしています。そうしないとなかなか眠ることができません。

もちろん、枕の高さについては個人の慣れもありますので、「枕が低いほうがよく眠れる」というのであれば、それはそれでかまいません。本人の暗示の効果もあるでしょうし、「低いほうがいい」というのなら、低い枕でもよいでしょう。

もうひとつ、眠るときの姿勢についても取り上げておきます。

うつぶせのような姿勢で眠る人がいます。

お腹も温まり、安心して眠ることができるというのですが、あおむけのほうがよいというデータがあります。

米国メリーランド大学のハロルド・シーゲルは、414人の大学生に、うつぶせのような姿勢で眠るのかどうかを聞く一方、朝起きたときの清々しさについて7点満点で評価してもらったのですが、前のページの図表②ような結果になったそうです。

うつぶせに寝るのではなく、あおむけで寝たほうがよいという結果です。もちろん、眠るときの姿勢に関しても、「私はうつぶせのほうが朝はスッキリ」というのであれば、それでもよいでしょう。うつぶせのほうがよいと自分で思うのなら、慣れた姿勢で眠ったほうが気持ちよく眠ることができるでしょう。

ポイント

科学的には枕は高くして、あおむけで眠るのがオススメ
ただし、うつぶせでもスッキリ眠れる人は変えなくても大丈夫

階段を使うようにすると健康になれる

デパートや駅など、エスカレーターと階段が並んであるような場所では、迷わずに階段を選びましょう。

階段を使えば、それだけでも十分な運動になります。わざわざスポーツジムに通ったりしなくても、普段の生活の中で運動ができるのですから、こんなに素晴らしいことはありません。

英国アルスター大学のコリン・ボレハムは、健康な女性22人を集め、12人には7週間の「階段を使おうプログラム」に参加してもらいました。残りの10人は比較のためのコントロール条件です。こちらには、普段通りの生活をしてもらいました。

7週間のプログラムが終了したところで調べてみると、階段を使おうプログラムの条件では、HDLコレステロールの濃度が高くなり（動脈硬化を予防する働きが向上したということです）、さらに階段を上るときの酸素摂取量も心拍数も減りました。

日常生活の中で、階段を使えば、それだけで健康になれるのです。

こんなに便利なライフハックはありません。

長い階段を下から見上げると、「うわぁ～、長い階段だなぁ、イヤだなぁ、上りたくないなぁ……」と思うかもしれませんが、こんなときには発想を転換しましょう。

「うわぁ、長い階段だ。これは相当にエクササイズになるぞ、ありがたい、ありがたい」と考えるようにするのです。そうすれば、足取りも軽く、ホイホイと階段を上っていくことができるでしょう。

階段を見かけたら、せっかくのチャンスなのですから、ぜひエクササイズをすべきです。

最初のうちこそ抵抗感があるかもしれませんが、階段を使うことを習慣化してしまえば、そのうち階段を使うことが「当たり前のこと」になり、心理的な苦痛なども感じなくなります。毎日の通勤時に階段を使っている人は、何も考えずに階段を使うでしょう。

習慣化されると、苦しくも何ともないのです。

現代人は、とにかく運動不足になりがちですので、ほんの少しでも身体を動かす機会があるのなら、積極的にそういう機会を利用しなければなりません。

オフィスが5階にあるのなら、エレベータではなく、階段を使いましょう。

2階や3階ならまだしも、5階以上にまで階段を使うのは相当に疲れるでしょうが、「だからこそ、いい運動になる」と考えるようにすると、少しも苦にならないばかりか、喜びや幸せすら感じることができるはずです。

ポイント

階段を使う習慣をつける
階段を使うだけで運動習慣が身につき心身ともに健康になる

ダイエットをしているときは少し面倒くさくする

ダイエットをするときには、少なくとも手の届く範囲には、食べ物を置かないようにしてください。ほんの少しの距離でもかまいません。とりあえず手に届かない範囲に食べ物が置いてあると、間食を減らすことができるからです。

私たちは、お菓子やスイーツを食べたくても、台所まで取りに行かなければならないと、面倒くさいので食べるのを止めます。コタツの上にミカン籠《かご》が置いてあると、テレビを見ながらついつい食べてしまうものですが、手に届かないのであれば食べません。

オランダにあるユトレヒト大学のジョスジュ・マースは、77人の女子大学生にエムアンドエムズのチョコレート１０００gが入ったボウルを用意し、椅子のひじ掛けから20cm、70cm、１４０cmの距離に置きました。20cmですと簡単に手が届き、70cmになると身を乗り出さないと届きません。１４０cmですと椅子から立ち上がる必要もあります。

そういう条件設定をしてから、「リラクゼーションと性格」というインチキな実験をし、

図表③　とるのが面倒だと消費量も減る

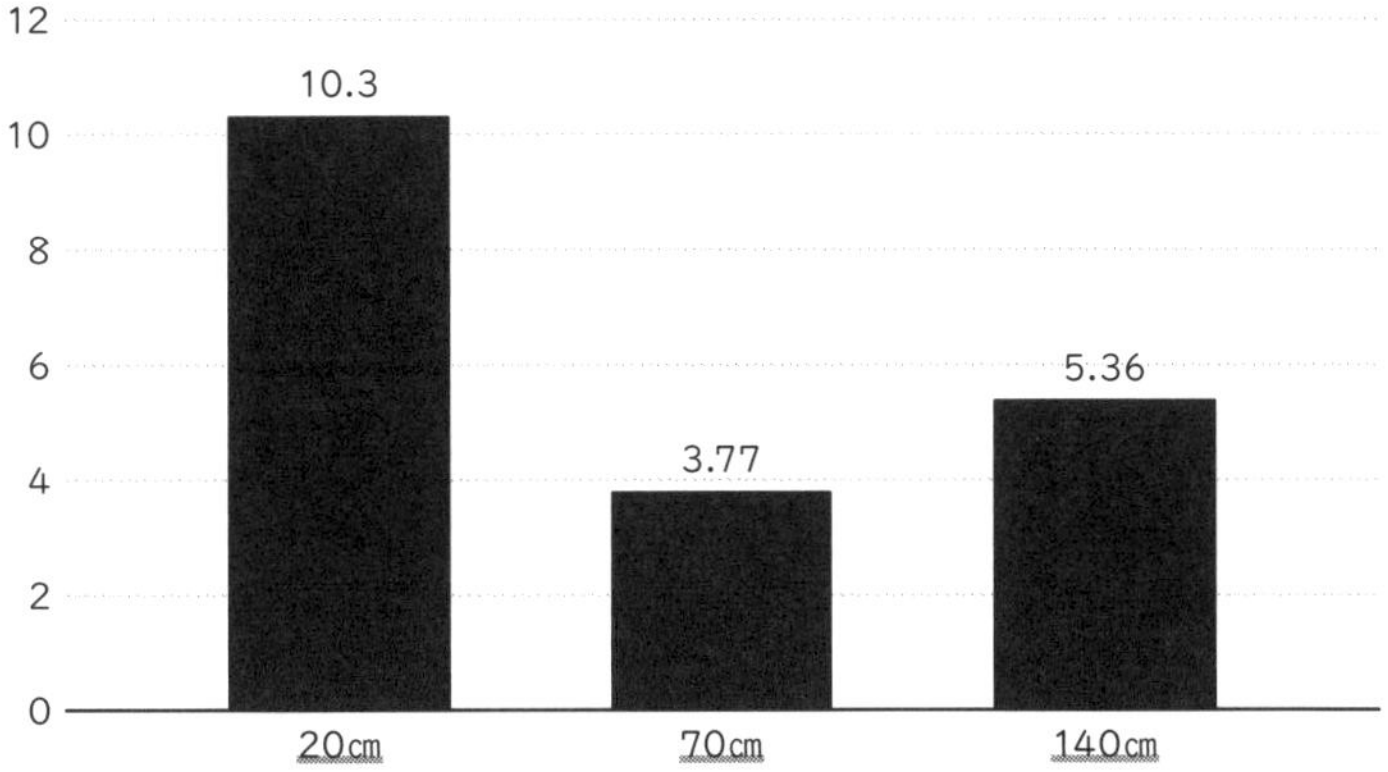

＊数値は逆数変換したチョコレートの消費量(g)

（出典：Maas,J.ら,2012より）

5分間、リラックスをしてもらいました。机に置かれた雑誌を読んでもかまいませんし、好きなだけチョコレートを食べてもかまわないと伝えました。5分が経過したところで雑誌とボウルを回収し、インチキなアンケートを受けてもらって実験終了です。

それぞれの条件ごとにチョコレートの減り具合を調べると上の図表③のようになりました。**私たちは、どうやら面倒くさいことは極力避けようと無意識的にしている**ようです。

チョコレートは食べたいものの、身を乗り出したり、椅子から立ち上がったりする必要があると、手元にあるときに比べて約半分以下しか食べないことがわかります。

お菓子のようなものは、できるだけ持ってくるのが面倒な場所に保存しておくとよいでしょう。脚立を使わないと届かないような背の高い棚の上などにお菓子を置いておくのもよいでしょう。

私たちは、簡単に手に届くところにあると、誘惑に負けて食べてしまうのです。

ポイント

ダイエットをしているときは手の届く範囲に食べ物を置かないとるのが面倒くさい場所に置いておくと間食を減らすことができる

ダイエットをしているときは「ながら食べ」をしない

テレビを見ているときにポテトチップスを食べていると、いつの間にか一袋すべて食べてしまうことがあります。「あれっ、いつの間に？」と自分でも驚いてしまうほどです。

私たちは、他のことに気をとられていると、セルフ・コントロール能力が働かなくなってしまうのです。

というわけで、肥満になりたくないのであれば、食事のときにはテレビを消してください。スマホもいじってはいけません。そちらに気をとられていると、確実に食べすぎることになるでしょう。

米国スタンフォード大学のバーバ・シッブは、健康によいフルーツと、おいしそうなカロリーたっぷりのチョコレートを用意し、実験参加者に、だれかの電話番号を思い出してもらいながら、好きなほうを選んでもらいました。

すると電話番号を思い出すことに注意を向けていると、チョコレートを選ぶ確率が50％

も高くなることがわかりました。

健康を考えたらフルーツを選ぶべきなのに、他のことに注意を向けていると、そういう判断ができなくなり、誘惑に負けてしまうのです。


ダイエットをすると決めたのなら、「ながら食べ」をやめましょう。


テレビを見ながら、新聞を読みながら、スマホをいじりながらの食事を「ながら食べ」というのですが、それをやっていると絶対に太ります。

食事に集中していないので、満腹感もありませんし、食べた量もわからなくなります。それでダイエットがうまくいくのなら、そちらのほうが不思議です。


食事のときには、食事だけに注意しましょう。目の前の食べ物にだけ目を向け、口の中に入れたときにどんな味がするのかに意識を向けます。こういう食べ方をしたほうが、何でもおいしくいただくことができます。

食事というものは、単に栄養を摂取する行為ではありません。おいしくいただいて、幸せを感じるための行為なのです。それなのに他のことに気が散っていては、食事がもったいないと思いませんか。

「ながら食べ」を予防するには、

①テレビを消す
②スマホを目に見える場所に置かない

といったやり方が有効です。テレビがついていたら、どうしてもそちらに目を向けてしまいますし、スマホがあるとついつい触りたくなってしまいます。そういうことにならないよう、視界に入るところに置いておかないほうがよいのです。

食事だけに集中すると、食べ物の味がよくわかりますし、満腹感も得られますし、食べすぎの予防もできます。

ポイント

「ながら」食べをすると肥満になりやすい
食事をするときは、食事だけに集中をする

太陽の光を浴びるとメンタルヘルスに効く

何となく気分が落ち込みやすいと思うのなら、意識してお日さまの光を浴びるようにしてはどうでしょうか。

気分がスッキリするかもしれません。お日さまの光をたっぷり浴びると、うつになりにくくなるのです。

太陽の光を浴びるのが少なくなるほど、気持ちはブルーになりやすくなるのです。

カナダにあるアタバスカ大学のシェリー・メルローズは、赤道から離れた高緯度地帯の人ほど、季節性感情障害（ＳＡＤ）の発症率が高いことを突き止めました。季節性感情障害というのは、うつ病の一種で、太陽の光が弱くなる秋、または冬に抑うつが始まって、春や夏になると治まるという障害です。

うつ病になるかどうかは緯度が関係しているようで、メルローズによりますと、アメリカではフロリダ州での季節性感情障害の発症率は１％にすぎないのに、アラスカ州は９％

だそうです。

というわけで、**気分の落ち込みを吹き飛ばすには、太陽の光がとても効果的**なのです。

心理療法のひとつに、光療法というものがあります。太陽の光の代わりに、高照度光療法の器具を使って光刺激を与えるというセラピーです。

カナダにあるUBC病院のレイモンド・ラムは、大うつ病性障害と診断された96人を、48人ずつにわけ、片方には8週間の光療法を実施しました。1万ルクスの光を午前中に30分浴びてもらったのです。もう片方には、普通の抗うつ剤を処方しました。

その結果、光療法のグループも抗うつ剤のグループとほぼ同じ症状の改善が見られたのです。光療法でもうつ病には効果的なのですが、お金がかかってしまうわけで、それよりも日常生活の中でお日さまの光を浴びたほうがよいでしょう。

こちらは無料ですし、自分で好きなときにお日さまの光を浴びればよいので、通院の手間がかかりません。

屋内でのデスクワークをしている人は、せめてランチの時間には外に出てみるのはどうでしょう。30分だけでもうつを吹き飛ばすのに十分です。
屋内にずっと引きこもっているから気分が滅入るのであって、外に出るだけでよい気分転換になりますし、お日さまの光には癒しの効果もありますし、ぜひ外に出てみてください。

ポイント

太陽の光を浴びるとメンタルヘルスに効く
気分が落ち込んでいるときなどは外に出て太陽の光を浴びる

公園を散歩するとやる気が出る

うつを吹き飛ばすという点では、公園のお散歩がオススメです。お日さまの光もついでに浴びられるだけでなく、緑も多いので森林浴の効果まで期待できるからです。

米国ミシガン大学のマーク・バーマンは、大うつ病性障害と診断された20人を、緑の多い公園か、交通量が多い歩道のどちらかを歩いてきてもらいました。距離はどちらもほぼ同じ2・8マイル（約4・5キロ）。途中でサボったりしないように、GPSできちんと歩いたのかどうかもチェックしました。

散歩をしてもらう前後のポジティブ感情（幸福感、高揚感など）の変化を調べてみると、やはりというか、緑が多い公園を歩いてきてもらったグループのほうがポジティブな感情が高まることが確認できました。

緑が多いところを歩くことは、私たちの心を上向きにしてくれます。

緑が多いのであれば、公園でなくても大丈夫です。

通勤のときには、できるだけ街路樹が豊富な道を選びましょう。

オフィス街でも、少し道を外れると意外に緑の多い場所を見つけることができますので、探してみてください。そういうルートを見つければ、出社するときにはやる気が出て、退社するときには日中に高まったストレスを軽減して帰宅できるので便利です。

緑に関してちょっと脇道に逸れますが、緑の多いところは、頭のよさにも影響するみたいです。

台湾にある国立嘉義《かぎ》大学のウィング・リャンは、高度650キロのNASAの人工衛星の画像を使って、マサチューセッツ州内の公立学校の校庭の「緑の度合い」を測定してみました。また、同州の統一学力テストでの小学校3年生から高校1年生までの成績も調べてみました。

すると調査対象のすべての学年で、緑の多い学校のほうが英語と数学の成績がよいことがわかりました。緑が多いと、注意力や集中力などもアップして、それが成績にも好ましい影響を与えるのでしょう。

緑が多いとストレスを軽減できて、リラックス効果が得られ、それが成績に影響するのです。通勤時に緑の多いところを通って出社するようにすれば、ひょっとすると仕事もバリバリこなせるようになるかもしれませんので、ぜひそういうルートを見つけておくことをオススメします。

ポイント

公園のお散歩はメンタルヘルスに効く
緑が多ければ多いところほど心が上向きになる

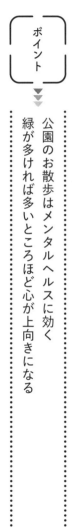

田舎暮らしのほうがお金を貯めやすい

田舎と都市部で比べると、都市部のほうがたくさんの会社がありますし、平均的な給料も高い傾向があります。そのためでしょうか、田舎を出て都市部で働こうとする人は後を絶ちません。

都市部のほうがたしかに給料はたくさんもらえるでしょう。それは事実です。けれども、それなら都市部のほうがお金をたくさん貯金できるのかというと、それは違います。

米国ハーバード大学のエドワード・グレーザーによりますと、都市部はたしかに平均所得は高いものの、生活コストはそれ以上に高いのだそうです。

グレーザーが調べたところ、都市の規模が2倍になると、所得は10%増えるのですが、物価は16%も高くなるそうです。

たくさんのお金をもらっても、アパートやマンションの家賃も高いですし、何を買うのも割高です。結局、出ていくお金も多くなるので、都市部で生活するとかえってマイナスになりがちなのです。

都会に夢を見るのはかまいませんが、お金を貯めるという点でいうと、明らかに田舎のほうに軍配が上がります。

アパートもマンションも都市部ほど高くありません。しかも都市部よりもはるかに広いのです。一軒家を借りることもできます。また、物価も高くありません。

さらに、都市部に比べて田舎には娯楽施設（映画館、カラオケ、ボウリング場など）もそんなにたくさんあるわけではないので、お金を使う場所もないのです。**田舎には貯金をするのに、好都合な条件が揃っている**のです。

新型コロナウイルス感染症を機に、田舎への移住を希望する人が増えたという話も聞きますが、これはよいことだろうと思います。

収入は都市部に比べれば少ないかもしれませんが、お金を使わずにすむので気にならないでしょう。それに田舎には自然がいっぱいあって、きれいな川や海を見ていると、心が和みます。大気汚染も都市部に比べるとはるかに少ないので、子育てをするにも最適です。

都会で暮らしていると、自分でも知らないうちにたくさんのお金を使ってしまいます。たくさんの人に見られることを意識すれば、洋服をたくさん買う必要もあるでしょうし、靴やアクセサリーもそれなりに買う必要があります。
その点、田舎であればそんなに人に会うこともないので、見栄を張ることもありません。何着かの服を交互に着ていても全然おかしくありませんし、安い自動車に乗っていても気になりません。

人によって考え方はいろいろだと思いますが、田舎には田舎の魅力がありますので、あまり都市部での生活にこだわらないほうがよさそうな気がします。

ポイント

田舎のほうがお金を貯めやすい
田舎はお金を使う場所が限られており、都市部より誘惑が少ない

将来を予測するときには、かなり下の予想をしておく

経済学者やエコノミストの景気予測は、たいてい外れます。

毎年、さまざまな経済シンクタンクがGDP予測を競い合いますが、当たったためしがありません。ましてや、2008年のアメリカ発の金融危機や昨今のEUの危機を正しく予測していた経済学者やエコノミストは皆無です。

しかし、だからといって私は経済学者の予測にケチをつけるつもりはありません。

なぜなら、私たちはだれでも将来の予測がヘタだということを知っているからです。

私たちは自分の都合のいいように将来の予測をするので、当たらないということは心理学者ならだれでも知っています。

カナダにあるウォータールー大学のデレック・コーラーは、305人の大学生に、自分で好きなように金額の設定をして、15週間の貯金をしてもらいました。

自分で目標を決めてよいので、そんなに予測も難しくなかったでしょう。何しろ、自分

のことなのですから。

コーラーは貯金をはじめてもらう前に、「あなたはどれくらい目標を達成できると思いますか？」と聞いてみました。すると82％は「成功する」と答えました。自分で目標金額を設定するのですから、楽勝だと思ったのでしょう。

ところが、現実は違いました。15週間後に調べてみると、達成できたのは65％（305人中197人）です。残りの4割近くの人は見事に外れたのです。

私たちは、他ならぬ自分自身のことでさえ、そんなにうまくは予測できないものなのです。というわけで、将来の予測をするときには、相当に下の予測をしておくのが正解です。「15週間で、10万円くらい貯金したいな」と思っても、「15週間でせいぜい5万円の貯金ができるくらいだろう」というように、相当に下の目標で予測をしておいたほうがよいのです。希望と現実をごちゃまぜにしてはいけません。

仕事も同じです。仕事を終わらせるのにだいたい10日ほどかかりそうだと思っても、現実には2週間から3週間はたっぷりかかるだろうと予測しておいたほうが、後で問題が起きなくてすみます。

上司やクライアントから「納期はいつ頃になりそう？」と聞かれたときには、相当な余裕を見て答えましょう。自分で思っているよりも大幅に予想が狂ってしまうことはよくありますので、念には念を入れて答えておいたほうが無難なのです。

ポイント

私たちは自分の都合のいいように将来を予測してしまう
将来を予測するときは相当下の予測をしておく

注意書きを作るときには、できるだけ丁寧な言葉を使う

街中にある注意書きを見ると、やたらと高圧的で、命令口調のものが目立ちます。

「無断駐車をやめろ！」
「犬のふんは飼い主が責任を持って持ち帰ること！」
「立ち入りを禁ず」

おそらく注意書きを作成する人は、マナーの悪い人にイライラしているのでしょう。そのため、このような強い口調の注意書きになってしまうのかもしれません。

けれども、心理学的にいえば、それは間違いです。強い口調の注意書きになればなるほど、守ってくれる人が増えるのではなく、むしろ守らない人のほうが増えてしまう可能性が高くなるのです。

米国テキサス大学のジェームズ・ペニベーカーは、大学のトイレに2種類の注意書きを貼ってみました。4つのトイレには、「落書きするな!!」と強い口調の注意書きを貼り、別の4つのトイレには「落書きをしないでください、お願いします」と丁寧な注意書きを貼っておいたのです。それから2時間後、注意書きを貼っておいたトイレに出向き、まったく落書きがなかったら0点、1枚の注意書きの上に落書きをされていたら1点、4枚すべてに落書きされていたら4点という点数をつけて測定してみたところ、命令口調の条件では0・91点、丁寧な口調の条件では0・48点という結果になりました。

命令口調より、丁寧なお願いをしたほうが、落書きをする人が半分くらいに減っていることがわかったのです。

というわけで、注意書きを作るのなら、できるだけ丁寧な文言を心がけてください。そのほうが、守ってくれる人も増えるだろうと予想できます。

昔のトイレには、用を足すときには便器から外れないように、飛び散らないように気をつけて、という強い口調の注意書きが多かったのに、最近のトイレには、「いつもきれいにお使いくださり、ありがとうございます」という丁寧なものが増えました。これは心理学的に正しい注意書きです。

私たちには、天邪鬼《あまのじゃく》なところがあって、「◯◯しろ!」と命令されると、かえってその命令には従いたくない、という気持ちを強めてしまうのです。

命令をされると、だれでもカチンとくるものです。そして、そんな命令に素直に従うのは、シャクにさわるので、逆の結果を招きやすくなるのです。

読者のみなさんは、子どもの頃に、親から「さっさとお風呂に入りなさい」といわれたときに、すぐにお風呂に入りましたか。「さっさと宿題をしなさい」といわれたときはどうでしょう。すぐに机に向かいましたか。おそらくは、いうことを聞かなかったのではないでしょうか。意味もなくダラダラして、親の命令に逆らったのではないかと思います。

注意書きも同じです。高圧的な文言の注意書きでは、人は従ってくれません。イライラする気持ちをできるだけ抑制し、丁寧な書き方をしたほうが、結果として人は従ってくれるものです。

ポイント

高圧的な態度だと人は動いてくれない
できるだけ丁寧な言葉にしたほうが人は動いてくれる

いろいろなところに顔を出してみる

かつては、他の人と力を合わせなければ仕事ができませんでした。農業がよい例なのですが、農家の人たちはみんなで協力して田植えや稲刈りをしていました。他の仕事も似たり寄ったりで、お互いに協力しなければ何もできませんでした。地域にもいろいろな組織があって、みんなで力を合わせてお祭りをしたり、地域のイベントを行っていたりしたものです。

ところが時代は変わり、テクノロジーの発展に伴って、他の人と協力しなくても、一人で仕事ができるようになりました。

そのためでしょうか、現代人は、一人一人が孤立するようになりました。

家族も同じで、昔の家族はというと、家族全員でリビングに集まり、一緒に食事をしたり、他愛のないおしゃべりをしたりしていたものですが、今では、各自の部屋に引きこもって、それぞれが好き勝手なことをするようになりました。

米国ハーバード大学のロバート・パットナムの調査によると、この20年から30年で、PTA、自治会、教会への参加などは、25％から50％も急激に減少したそうです。

日本も同じです。PTA活動をまったくゼロにした小学校も増えましたし、地元の自治会も、壊滅状態になっているところが増えました。社会的なつながりは、驚くようなスピードで減少しています。

会社にも、昔はいろいろなサークルやクラブがありましたが、どんどん消えています。「せっかくの週末の日にまで、会社の奴らと会いたくもない」ということなのでしょう。社内旅行も、歓迎会も、忘年会もすべてなくなりました。それに合わせて、同じ会社の人間というつながり意識も見事なほどになくなりました。イヤな会社だと感じたら、さっさと辞表を出してしまうような世の中です。

とはいえ、**私たちには、他の人と親しく交わりたいという本能的な欲求があります。**これはだれにでもあるのです。

孤立しがちな時代ではありますが、それでもいろいろな各種団体やクラブやサークルを見つけて、どんどん加入してみましょう。そのほうが人生も楽しくなります。

オーストラリアにあるクイーンズランド大学のテーガン・クルイズは、5000人を超える人を2年間、4000人を超える人を4年間に渡って調べてみたのですが、スポーツクラブや音楽クラブなど、いろいろなクラブに加入している人ほど、うつになりにくいという結果を得ています。

少しでも興味が持てるところには、どんどん顔を出してみるとよいでしょう。

意外に楽しいということがわかります。会社の飲み会も嫌がらずに出席してみてください。他の人とおしゃべりするのは、けっこう面白いものです。

もともと私たちには、他の人と結びつきたいという欲求がありますので、人付き合いを楽しむようにするのがポイントです。

ポイント

会社の飲み会や地元の集まりなど興味のあるところには顔を出す
どんな時代でも人とのつながりが大事

メンタルの病気が増えている怖い理由を知る

現代はまさしくストレス社会です。メンタルな病気に関しての統計を見ると、さまざまなメンタルの病気が増加しています。

しかし、メンタルな病気が増えている本当の理由は、単純に「診断の基準が変わったから」という拍子抜けするような報告もいくつかあります。

たとえば、自閉症スペクトラム障害です。

米国ウィスコンシン大学のモートン・ジャンスバッチャーは、自閉症の子どもが急増している本当の理由は、診断がゆるくなったからだけではないか、と指摘しています。

1980年改訂のDSM－Ⅲという診断基準では、自閉症と診断されるには6つの基準のうち、6つすべてを満たすことが必要でした。ところが新しいバージョンの診断基準では16の基準のうち8つに該当すれば、自閉症にされてしまうようになりました。

診断基準がゆるくなれば、当然、病気扱いされてしまう人も増えます。

同じような報告は、米国トレントン州立大学（現在は名前が変わってニュージャージー大学）のリン・ウォーターハウスによってもなされています。

ウォーターハウスが194人の子どもの社交不安障害（日本では対人恐怖とか赤面恐怖と呼ばれていたもの）を調べたところ、古い診断基準では51％しか当てはまらなかったのに、新しい診断基準になると、何と91％の子どもが当てはまることになってしまったそうです。

お医者さんからすれば、どんどん病気が増えて、患者さん（お客さま）が増えれば増えるほど嬉しいはず。それだけ収入が増えますから。製薬会社も、患者さんが増えれば、たくさんの薬を使ってもらえます。これも製薬会社にとってはありがたいことです。

こういう**大人の事情があるので、メンタルな病気が増えている（ように見えるだけ）**のかもしれません。

こういう事実を知っておくと、かりに自分がメンタルな病気だと診断されても、そんなに気にならなくなるでしょう。昔だったら、病気だと見なされなかったものまで病気にされるのですから。

子どもがいる親御さんも、もし自分の子どもが病気だといわれるとガックリしてしまうかもしれませんけれども、そういう心配は杞憂《きゆう》ではないかと思います。最近は、どの病気も診断基準がゆるくなっているのです。

ウソだと思うのなら、ネットで無料の診断を受けてみてください。うつ病の診断であれ、サイコパスの診断であれ、「私は普通だ」と思っている人でもけっこう当てはまってしまう項目が多いことがわかるでしょう。

自分ではまったく問題など感じず、すこぶる健康的だと思っている人でも、「うつ病疑い」のような結果になってしまうことはよくあります。

病気というものは、お医者さんや製薬会社の都合でコロコロ変わることも珍しくありませんから、かりに自分が病気だと診断されても、そんなに気に病む必要もないのではないかと思われます。

ポイント

最近はどの病気の診断基準もゆるくなっている
病気だと診断されても一度疑ってみましょう

第2章

人に好かれるライフハック

小説を読むと人の心が見抜けるようになる

相手の感情を正しく見抜き、相手がどんな気持ちなのかを敏感に察知したいのであれば、小説を読みましょう。ジャンルは問いません。恋愛小説でも、ミステリー小説でも、自分が興味を持てそうなジャンルの小説で大丈夫です。

なぜ小説なのかというと、人間関係のシミュレーション訓練になるからです。

カナダにあるヨーク大学のレイモンド・マーによると、小説を理解するときに活性化する脳の領域は、現実の人間関係のかじ取りをするときに活性化する領域とかなり重複しているのです（内側前頭前野《ないそくぜんとうぜんや》、後帯状《こうたいじょう》皮《ひ》質《しつ》、側頭頭頂《そくとうとうちょう》接合《せつごう》部《ぶ》など）。つまり、小説を読んでいると、友人や恋人の意図や動機を読みとる能力を鍛えることができるのです。

私たちの脳は、現実と空想の区別ができません。

たとえ空想でも、私たちの脳はまさに現実に起きているものとしてとらえます。小説は完全にフィクションなのですが、私たちの脳はそういうことはわかりません。自分自身に起きているものとみなすのです。

小説の主人公に悲しい出来事が起きると、私たちはあたかも自分自身がその体験をしたときのように悲しい気持ちになり、涙がとまらなくなることもあります。脳が現実に悲しい出来事が起きたものとして働いてしまうのです。

小説をよく読む人は、他人の心にも繊細になり、どんなことを考えているのかも見抜けるようになります。

「文字ばかりの小説はちょっと……」という人は、映画やドラマでもかまわないと思います。映画やドラマを見ても、私たちの脳は、自分自身が登場人物と同じ経験をしているものと見なして活性化するからです。

さらにいうと、映画やドラマを見るのではなく、頭の中で勝手なイメージをするだけでもかまわないと思います。親しい友人や恋人と楽しくおしゃべりしている場面を頭の中でイメージするのです。

会話の場面を空想しているだけでも、会話の能力はアップします。脳が現実の会話をしているときのように活性化するので、よい訓練になるのです。

プロのアスリートやスポーツ選手は、頭の中で自分が大会や試合に出ているところをイメージします。いわゆる「イメージトレーニング」というものですが、これをしっかりやっておくからこそ、現実のパフォーマンスも高めることができるのです。

イメージ訓練は、人間関係のスキルを鍛えるのにも有効です。

クライアントに怒られている場面において、どうやってお詫びすればよいのかをイメージ訓練しておけば、実際に怒られたときにも適切な表情を作ることができ、きちんと言葉を選んだお詫びもできるでしょう。

異性との会話が苦手な人は、空想の世界で異性の人とおしゃべりしてください。そうすれば、実際に異性とやりとりするときにもリラックスして、のびのびと会話ができます。

ポイント

小説を読むと人の心を読めるようになる
空想であっても人間関係のスキルは鍛えられる

他の人と一緒にいるときにはスマホはしまう

だれかと会っているときには、スマホは出さないほうがよいでしょう。なぜかというと、スマホを出していると、「私は、あなたのことをそれほど大切な人だとは思っていません」というサインを相手に送ることになってしまうからです。

デートをしているときに、しょっちゅうスマホを眺めていると、たとえ悪気はなかったとしても、相手は不機嫌になるはずです。自分が軽んじられているように思えてしまうので、どうしても気分が悪くなるのです。

イスラエルにあるライマン大学のY・アミチャイ＝ハンバーガーは、恋人のいる128人（平均26・7歳）に、自分、または恋人が一緒にいるときにスマホを使用することについて聞いてみました。

すると、恋人がスマホを使っていると、親密さを感じられなくなることがわかりました。ただし、自分がスマホを使用することについてはあまり気にしないこともわかりました。

自分のことは棚に上げて、恋人にはスマホを使ってほしくないというのですから、人間はとてもワガママです。

最近は、本当にスマホ依存症の人が増えたように思います。

数分おき、いや数秒おきにスマホをチラチラと確認しないと、気が済まないくらいに立派な依存症の人をたくさん見かけます。本人は気づいていないかもしれませんが、そういう人は一緒にいる人にものすごく嫌われていることを自覚しなければなりません。

「電車やバスなど公共の乗り物の中では、スマホの電源を切りましょう」というマナーがありますが、このマナーは、人に会うときにも適用しましょう。

人に会うときには、スマホの電源をきちんと切って、カバンの中にしまっておきましょう。決してテーブルの上になど、置いておいてはいけません。

目に見えるところにスマホが置かれていると、どうしてもそちらに気をとられてしまい、目の前の相手との会話に集中できなくなってしまうからです。

「どうして僕は、人気がないんだろう？」

「どうして私は、人付き合いがうまくできないんだろう？」

「どうして、私は嫌われやすいんだろう?」

そういう悩みを持っている人がいるかもしれませんが、その理由は、ひょっとするとスマホにあるのかもしれません。スマホにばかり気をとられ、他の人のことをないがしろにしているので、嫌われているという可能性が大いにあります。

自分ではひどいことをしているつもりはなくても、スマホを使っていると、相手にとっては、自分にまったく関心を持ってくれていないような、自分の存在を無視しているかのような、そういう寂しい気分にさせてしまっていることに注意しなければなりません。

ポイント

人と合っているときはスマホをしまう
スマホを見ていると相手に興味がないといっているのと同じこと

聞き上手になるコツは、相手を真似ること

人と話をするときには、できるだけ相手のしぐさを真似するように心がけましょう。

相手が髪の毛を触っているのなら、こちらも自分の髪の毛に手をやったり、相手が足を開き気味にして座っているのなら、こちらも両腿《りょうもも》をぴったりくっつけずに、やや開き気味に座るのです。

相手と同じ姿勢をとるようにすると、会話はとてもスムーズになります。

このライフハックは、「シンクロニー」あるいは「ミラーリング」と呼ばれているものです。

オランダにあるラドバウド大学のマリエル・ステルは、164人の大学生にペアを作ってもらい、話し手役に割り振られた学生にだけビデオを見せました。ビデオが終わったところで、話し手役は、どんなストーリーのビデオだったのかのあらすじを聞き手役に話して聞かせるという実験です。

■図表④ 声としぐさの併せ技のほうがさらに効果的

実験条件	お金を恵んでくれた割合
ミラーリングをしない条件	14.3%
相手の声をミラーリングする条件	28.6%
声としぐさをミラーリングする条件	35.7%

（出典：Fisher-Lokou, J.ら,2011より）

その際、聞き手役が話し手役と同じしぐさをすることが多いペアでは、お互いに親しみを感じることがわかりました。また話し手役もスムーズに会話をすることができ、たくさん話をすることもわかりました。

聞き手が相手のしぐさを真似すれば、話し手は心を許してどんどん話してくれるでしょう。自分が聞き手になるときには、目の前の相手をしっかり観察し、同じような姿勢、同じようなしぐさをとるのがポイントです。

優れたインタビュアーや雑誌の記者は、無意識のうちにこのテクニックを使っています。だから、話すほうもすごくラクですし、会話も盛り上がるのです。

しぐさでのミラーリングができるようになったら、

さらに相手の「声」についてもミラーリングしてみましょう。相手がゆっくり話す人なら、こちらもゆっくり話すようにし、高い声で話す人には、こちらも高い声で話すようにするのです。しぐさと声のミラーリングをすると、さらに効果がアップします。

フランスにあるブルターニュ大学のジャック・フィッシャー＝ロクは、30歳から60歳の歩行者に「お金がないのですが、バス代をいただけませんか？」と声をかけました。声をかけるのは女性のアシスタントだったのですが、前ページの3つの条件を設けました。それぞれにお金を恵んでくれた割合が前のページ図表④になります。

声としぐさをいっぺんにミラーリングするのが難しいのなら、最初のうちはどちらか一方だけでもかまいません。うまくできるようになったら、2つを同時にやってみましょう。

ポイント

好かれたい相手のしぐさや声を真似すると好かれる
真似することでどんどん相手が話してくれるようになる

職場の人気者になりたいなら、「モンハン」で遊ぶ

職場の、あるいはクラスの、あるいは趣味のサークルの人気者になりたいというのなら、「協力的」な人になってください。

だれに対しても親切に、協力的に振る舞うほど、人気者になれるからです。

米国ジョージ・メイソン大学のスーザン・デンハムは、幼稚園児43人（男の子24人、女の子19人）に他の園児の名前が書かれたカードを渡して、「好き」「嫌い」のどちらかの箱に分類してもらうことで、人気投票をしてみました。それから、好かれる園児がどのような子どもなのかを調べてみました。

その結果、人気者の園児には、親切、協力的、といった特徴があることがわかりました。

この研究は園児を対象にしたものですが、大人の世界でも同じです。だれとでも協力できるような人は、大人になっても人気者になれます。

では、どうすれば協力的な人間に生まれ変われるのでしょうか。

ひとつの方法は、お互いに協力するゲームで遊ぶことです。楽しく遊びながら人気者になれるのですから、非常に有用なライフハックだといえるでしょう。

米国アイオワ州立大学のダグラス・ジェンティルは、727人の中学生に、他のプレーヤーと競争したり、戦ったりするゲーム、あるいは一緒に協力しあうゲームを1週間に何時間くらいプレイするのかを教えてもらう一方、どれくらい困っている人を助けるのかを尋ねて協力的かどうかを調べました。

すると、**お互いに協力しあうゲームで遊ぶ時間が長くなるほど、実生活においても協力的な行動をする**ことが明らかにされました。

私たちの心理は、遊んでいるゲームの影響も受けるのです。

格闘ゲームのようなもので遊んでいれば、乱暴な人間になってしまいますし、協力しあうゲームで遊んでいれば、協力的な人になっていくのです。自然にそういう変化が起きるのです。

協力するゲームの例としては、「モンスターハンター」（モンハンと略します）が挙げられるでしょう。他の人と一緒に協力しながら、モンスターの狩猟《しゅりょう》を行うというゲームなので、うまく力を合わせないと狩猟に失敗してしまいます。

こういうゲームを楽しんでいれば、今よりもずっと協力的になれるかもしれません。もちろん、モンハン以外のゲームでも、お互いに協力しながら進めていくゲームなら何でもかまいません。

「ゲームで遊ぶのは、貴重な人生の時間のムダ使い」だと思う人がいるかもしれませんが、とんでもないことです。自分の協調性を鍛えるための有意義な時間だと思えばよいのです。

子どもがゲームをしていると、不快な顔をする親御さんもいると思うのですが、子どもは他の子どもと協力することを、ゲームを通して学んでいるのだと思えば、子どものゲームもある程度は許してあげようという気持ちになれるのではないでしょうか。

ポイント

協力して遊ぶゲームをすると人気者になれる
実生活においても協力しあえる関係性になる

前傾姿勢で、相手を正面から見つめると好印象

「この人って、とても素敵な人だな」と感じさせる人がやっていることがあります。

それは前傾姿勢とアイコンタクトです。相手のほうに少しだけ身体を傾けて、相手の目をしっかりと見つめるようにしているのです。

この2つに気をつけるだけで、読者のみなさんの好感度も20％くらいはすぐにもアップするでしょう。


米国メンフィス大学のナイア・ドゥエルは、男性のセラピスト2人と、女性のセラピスト2人が診察をしているビデオを実験的に作成しました。

ひとつ目の条件は、セラピストの姿勢。セラピストは患者のほうに前傾姿勢をとるか、あるいは身体をまっすぐにした姿勢をとっていたのです。もうひとつの条件はアイコンタクトです。セラピストが患者をまっすぐに見つめるものと、机の上のパソコンに視線を落としているバージョンのビデオを作成しました。

■図表⑤　人に会うときには、前傾姿勢とアイコンタクトが大

	前傾姿勢	背筋をまっすぐ
共感性	6.9	6.7
信頼性	5.9	5.6
	アイコンタクト多い	アイコンタクト少ない
共感性	7.4	6.3
信頼性	6.3	5.2

（出典：Dowell,N.ら,2013より）

そのビデオを144人の大学生に見せて、どれくらい共感性が高いと思うか、またどれくらい信頼のおける人だと思うかを10点満点で評価してもらいました。すると、上の表のような結果になったのです。

同じセラピストでも、前傾姿勢で、アイコンタクトをしっかりとするほど、評価が高くなることがわかりました。

人に好かれる人は、自分の「おへそ」をきちんと相手のほうに向けます。そっぽを向いたりはしません。**また、きちんと相手の目を見つめながら話をしたり、相手の話を聞いたりします。**そういうことを心がけるからこそ、だれからも好かれるのです。

「私は顔がブサイクだから……」とか「私

はぽっちゃり体型だから……」ということにコンプレックスを感じている人は多いと思うのですが、前傾姿勢とアイコンタクトに気をつければ、そういう欠点を簡単に補えますし、相手に好印象を与えることも可能ですので、ぜひ試してみてください。

ポイント

人と会話をするときは前傾姿勢で目が合っていると好印象を与える
コンプレックスがある人でも効果がある

スマホがあると、付き合いも楽しめなくなる

人付き合いのコツは、お互いに「楽しいな」という気持ちになることです。

そのためのライフハックは、スマホを禁止することです。たったこれだけで、人付き合いは楽しくなります。友人たちと一緒に遊ぶとき、あるいは恋人とデートをするときには、スマホはできるだけ使わず、バッグにしまっておくとよいでしょう。

カナダにあるブリティッシュ・コロンビア大学のライアン・ドワイヤーは、3人から5人の知り合いを連れてカフェに来てもらいました。

そして半数のグループには、スマホをテーブルに置いておしゃべりをしてもらい、残りの半数のグループには、スマホをバッグにしまってもらって自由におしゃべりをしてもらいました。

それから友人とのおしゃべりの評価をしてもらったところ、スマホをテーブルに置いているグループでは、

●退屈だった
●面白くなかった

という回答が増えました。**スマホは、人付き合いの楽しさを奪ってしまうことがわかったのです。**

最近、ボウリング場に行く機会があり、若者たちのグループがいたのでしばらく見ていたら、だれ一人として会話をしていないので私は驚いてしまいました。みんな黙々と自分のスマホをいじっていて、自分の投げる番がきたときにだけ立ち上がり、球を投げるだけです。投げ終わるとまた自分の席に戻って、スマホをのぞくのです。これで何が楽しいのでしょうか。

最近の若者には、「人間関係が煩《わずら》わしいだけ」と感じる人が増えているそうですが、その原因は、スマホです。スマホをいじりながらでは、おしゃべりに集中することもできず、退屈で、つまらないものになるに決まっています。

というわけで、人に会うときにはスマホは絶対に禁止です。

このルールを守るだけでも、人付き合いを楽しく感じられるようになります。スマホを触ってよいのは、自宅に戻り、一人きりになったときだけで十分でしょう。

会社の飲み会がつまらなく感じてしまうのも、スマホをいじっていて、他の人と会話をしないからです。スマホをしまって、普段あまり話したことのない人と話してみてください。目つきが鋭く、いかつい顔をしたおじさんが、意外に最近のアニメに詳しかったりして、新鮮な発見ができたりします。

人付き合いそのものは絶対に楽しいのです。もし、それを楽しめないのだとしたら、スマホに気をとられすぎているからです。もっと目の前の人に関心を持ちましょう。話してみると、どんな人にもそれなりに面白いエピソードがあり、そういうのを聞くのも楽しいものです。

ポイント

人と会っているときや飲み会などでは必ずスマホはしまう
目の前の人に集中すると人付き合いが楽しくなる

たくさん質問してあげると好かれる

人に好かれたいのであれば、遠慮なくどんどん質問してみましょう。

「好きな食べ物って何ですか？」
「週末にはどんなことをして過ごすのが楽しいですか？」
「あなたの好きな場所はどこでしょうか？」

このような感じで、どんどん質問してみましょう。相手にたくさん質問するということは、「私はあなたにとても興味があるのです」というサインを相手に伝えるので、聞かれるほうも嬉しくなるのです。

米国ハーバード大学のカレン・ホアンは、398人をペアにして15分間のおしゃべりをしてもらいました。目的はお互いに仲良くなることだと伝えておきました。

なお、実際の会話をしてもらう前に、片方にだけ特別な質問を与えました。「たくさん質問をする条件」には、少なくとも9回の質問をしてほしいとお願いし、「質問制限条件」の人には、自分から質問をするのは多くても4回まで、としてもらったのです。

会話が終わったところで、相手に対してどれくらい好意を感じたのかを7点満点で聞いてみると、**たくさん質問をしたほうが相手に好意を持たれる**ことがわかりました。

どうして好意を持たれるのかというと、ホアンによると、質問をしてもらうと「この人は自分を受け入れてくれている」「自分のことを理解しようとしてくれている」と思うためだそうです。どんどん質問をすると、それだけ相手も喜んでくれます。

ですので、遠慮せずにどんどん質問してあげてください。

たいていの人は、自分についてたくさん話したいのです。自分のことを話すのは、とても気分がいいのです。したがって、自分の話をニコニコしながら聞いてくれる人には、自然に好意を持ってしまうのです。

タモリさんは、自分ではあまり話をしません。「最近、調子はどうなの?」と質問して、相手に話をさせるように心がけています。だから、タモリさんはいろいろなタレントさんから好意を持たれるのです。

自分のことばかりペラペラしゃべる人は、そんなに好かれません。自分のことを話すよりも、相手にたくさん質問をして、自分は聞き役に徹することが好かれる会話の重要なポイントだといえるでしょう。

もちろん、たくさん質問するといっても、あまりにプライベートなことを聞いてはいけません。「彼氏はいるの？」「どこに住んでいるの？」といった質問は、相手も答えにくいですし、ハラスメントの可能性もありますから、だれでも答えやすい質問にしておいたほうが無難でしょう。

ポイント

質問をすればするほど好かれるようなる
ただし、プライベートな質問は距離が縮んでから行う

温かい性格の人でも、冷たくなるときがある

思いやりに溢《あふ》れ、とても親切な人でも、時には非常に冷たくなるときもあるのだという話をすると、たいていの人は驚きます。

けれども、考えてみてください。

どんな人もそうだと思うのですが、３６５日、24時間、他の人に対してずっといい顔をしつづけることなど、到底できるものではありません。

人間なので、気分がムシャクシャするときだってあるでしょうし、お腹が空いてイライラするときだってあるでしょう。どんなに思いやりに溢れた人でも、冷たくなることはあります。

米国アイオワ大学のダリル・キャメロンは、ネットで募集した１７３人（平均37歳）に、共感性を測定する心理テストを受けてもらう一方で、困っている人のことをどれだけ助けたい気持ちになるのかを聞きました。

普通に予想すれば、共感性の高い人ほど、困っている人を助けたい気持ちになるはずですが、調べてみると、そんなに簡単な話ではないことがわかりました。

キャメロンによると、共感性の高い人は、困っている人に共感しすぎてしまい、感情的にものすごく疲れてしまうことがあるのだそうです。そのため、**共感性が高い人でも感情的に疲弊しないように、困っている人がいても見て見ぬふりをして、冷たくすることもある**のです。

カウンセラーやセラピストは、職業柄、共感性の高い人が多いのですが、いつでも温かい態度を見せてくれるのかというと、そうでもありません。

勤務時間中には、心に悩みを抱えたクライアントの話を真剣に聞きます。クライアントの悲しみをすべて受け止めてあげます。けれども、それは勤務時間中だけ。人の悩みを聞くというのは、精神的に相当疲れるものですから、プライベートなところでは逆に冷たくなる人も少なくありません。

私たちは、性格的にとても温かいと思っていた人が、いきなり冷たい態度をとるとびっくりしてしまいますが、24時間ずっと温かい性格のままでいられることなどできません。そんなことをしていたら、感情的に燃えつきてしまいます。どこかでバランスをとるために、冷たくすることだってあるのです。

私は、人当たりのよさにはかなりの自信があるのですけれども、仕事でたくさんの人とお会いしたりすると、精神的にものすごく疲れます。そこで自分の心が壊れないように、私は「人に会わない日」というものを自分のカレンダーの予定に書き込んでおき、その日には、一人でガーデニングをしたり、どこかにドライブに出かけたりしています。

疲れているときに人に会うと、どうしても言葉にトゲが出たり、知らないうちに不機嫌な態度をとってしまったりします。

そうならないうちに、「一人だけで過ごす時間」というものを持ち、リフレッシュすることも忘れてはなりません。

ポイント

いくら人当たりのよい人でも24時間そのままではいられない
一人の時間を作ってリフレッシュすることが大切

笑顔を絶やさないようにするとだれからも好かれる

だれからも好かれたいのであれば、笑顔を絶やさないようにすることです。これだけで、絶対にだれからも好かれます。

楽しいことがあれば私たちは笑顔になりますが、楽しいことなどなくても、いつでもニコニコしているのが正解です。

笑っていれば、それだけで魅力がアップします。同じ顔の人でも、その表情によって魅力は大きく増減するものなのです。

笑顔の人には、私たちはポジティブな印象や社交的で親しみやすいと感じます。いつも厳しい顔をしている人より、笑顔の人に話しかけたくなるのが人間です。

人は自然に、楽しい雰囲気や好意的な感情を持つ相手に引かれる傾向があります。笑顔を絶やさないことによって交友関係も広げることができます。

■図表⑥　笑っていれば、魅力はアップ

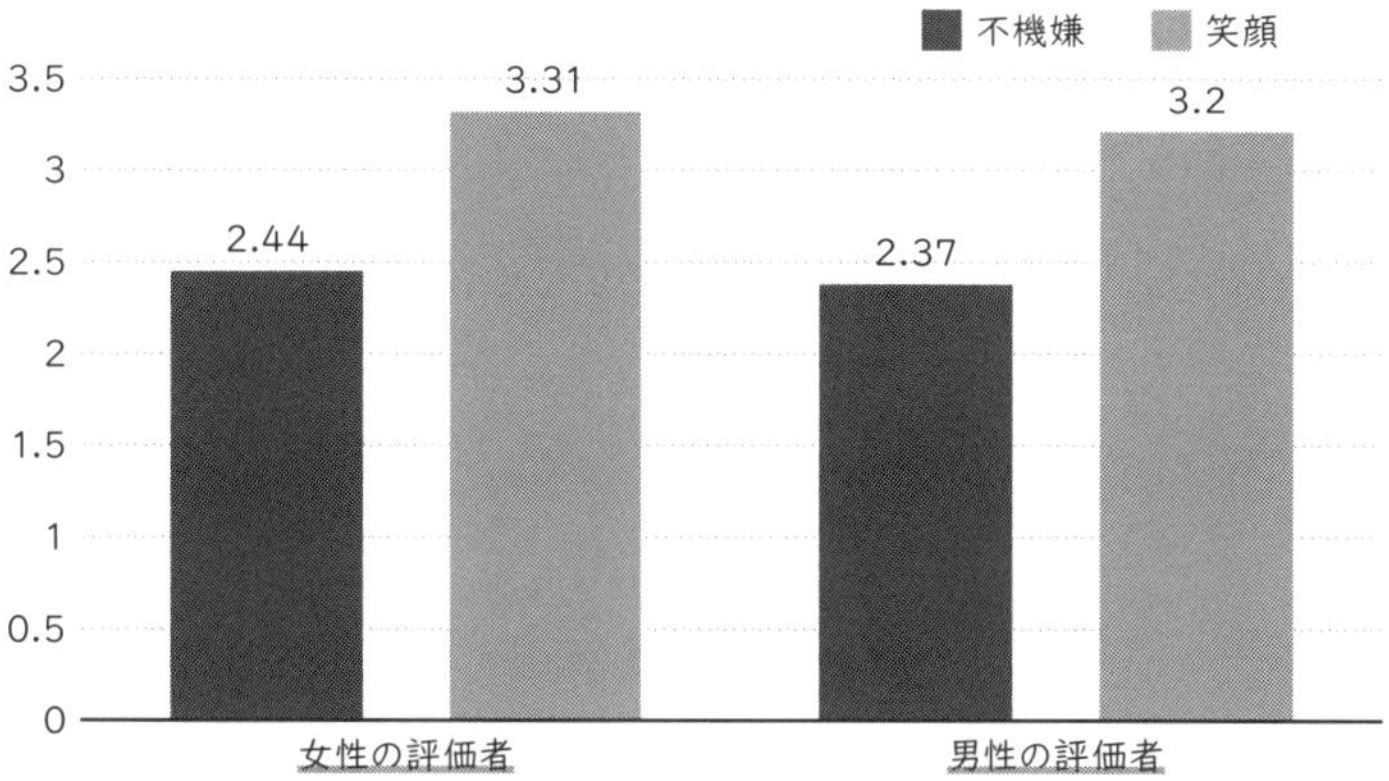

＊数値は7点に近いほど魅力的と評価されたことを示す

（出典：Morrison, E. R.ら,2013より）

英国ポーツマス大学のエドワード・モリソンは、14人の男性モデルと、16人の女性モデルにお願いし、「笑顔」と「不機嫌」の表情を作ってもらい、写真に撮らせてもらいました。次に、その写真を128人の大学生に見せて、「どれくらい魅力的に見えますか？」と評価してもらいました。すると、上の図表⑥のような結果になったのです。

微笑んでいる人は、男性からも女性からも魅力的と評価されます。同じ顔のモデルでも、不機嫌な顔をしているときには、魅力はずいぶんと下がってしまうこともわかります。

人に好かれるのは、そんなに難しくもあ

りません。苦虫をかみつぶしたような顔を絶対に見せず、いつでもニコニコしていればそれでOKなのです。

電車やバスに乗っていて、何もすることがないときには、笑顔の練習時間に当てましょう。窓に映った自分の顔を見ながら、最高の笑顔になっているかどうかをチェックするようにすると、有意義な時間になります。

ただ、ずっと笑顔でいるのはとても疲れます。一人で過ごす時間や素の自分が出せる家族と過ごす時間などでうまくバランスをとる必要があるでしょう。

ポイント

笑顔を絶やさないようにするとだれからも好かれる
笑っていれば魅力がアップする

女性がどんな男性がタイプなのかは、簡単に見抜ける

読者のみなさんは、心理学者ではありませんし、特殊なトレーニングなどを受けたこともないでしょうから、相手が何を好きなのか、どんな感情なのかを正しく読み解くことはできないでしょう。

けれども、女性がどんな男性に好意を抱いているのかは、別に心理学者でなくても、かなりの精度で読めるはずです。

なぜかというと、女性は好みの男性には「あざとい」態度をとるからです。

上目遣いで見つめたり、さりげなく身体を寄せたり、かわいいポーズをとってみたり、ようするにあざとい行動をとるので、「ああ、こういう男性がタイプなのだな」と簡単にわかってしまうのです。ひとつ面白い研究をご紹介します。

米国フロリダ州立大学のタイラー・スティルマンは、203人の女子大学生に、性的に

どれくらい奔放《ほんぽう》なのかを調べる心理テストを受けてもらいました。

「今後5年間で、何人くらいの男性とセックスをすると思いますか？」「一晩限りのセックスを、何人くらいとすると思いますか？」といった項目のテストです。

次に、参加者の女性は男性のアシスタントとペアにして、お互いに片方の手だけを使って一緒に協力してルービック・キューブをするという作業をしてもらいました。

その共同作業をしている場面をビデオに撮影し、10人の判定者（男性4人、女性6人）に、参加者の女性がどれくらい性的に奔放なのかを見抜いてもらうと、かなりの高確率で言い当てることができることがわかりました。

性的に奔放かどうかは、意外にたやすく見抜けるようです。

性的に奔放というわけではなくても、**一般的に女性は気に入った男性には、明らかに違った態度をとります。**笑顔を見せ、身体を寄せ、男性の肩や腕に触ったりするのです。あからさまに「好き」というオーラを振りまくので、どういう男性を好むかは、すぐにわかってしまいます。

逆にいうと、どんな男性が嫌いなのかも、すぐにわかります。女性は、嫌いな男性には汚いものでも見るような視線を向けますし、できるだけ距離をとろうとしますし、話しかけてもそっぽを向きますし、返事もしてくれません。非常にわかりやすいのです。

「ああ、この人は僕のことを嫌っているようだな」ということは簡単に見抜けるでしょうから、そういう場合には、できるだけ接触を避けたほうがいいでしょう。

冷たい視線を向けられると、男性もあまりよい気分にはなりませんので……。

ポイント

女性は好みの男性の前だとあざとい態度をとる
男性は冷たい視線を感じたらなるべく接触は避ける

嫌いな人にこそ、積極的に話しかける

私たちは、嫌いな人とはできるだけ接触を避けようとします。かかわりを持ちたくないからでしょう。大多数の人が、嫌いな人とは距離をとろうとするはずです。

とはいえ、社会人になったら嫌いだからといって無視することはできません。嫌いな先輩、苦手な上司、相性の合わないお客さまとも付き合わざるを得ないという状況が生じるからです。

したがって、人の好き嫌いはなるべく矯正しておいたほうがいいのです。どうせ逃げることができないのなら、嫌いだという感情をなるべく抑制できるように努力をしなければなりません。

心理学的には「嫌いな人にこそ、積極的に話しかける」のが正解になります。

自分からどんどん話しかけるようにすると、〝嫌い〟という感情が少しずつ弱まり、そのうちに気にならなくなり、最終的には「あの人もそんなに悪い人じゃない」という肯定的な気持ちさえ持てるようになるからです。

心理学的には、「接触仮説」と呼ばれる仮説があります。接触する頻度が増えれば増えるほど、相手への嫌悪感はみるみる減っていくという仮説です。

私たちは、嫌いな人と同じようにメンタルの病気（うつ病など）になった人に対して、接触を避けようとします。また、偏見を持つことが少なくありません。今ではすっかり治っているのに、かつて精神病だったというだけで、偏見を感じてしまうのです。

米国テキサス・クリスチャン大学のドナ・デスフォーゲスは、95人の大学生に、元精神病患者と50分ほど一緒の作業をさせてみました。お互いに別々の資料を読み、その資料の要約を作り、お互いに交換しあうという協力的な作業です。

するとわずか50分の接触でしたが、一緒に作業をした後には、元精神病患者に対する偏見も減ることがわかりました。「なんだ、普通の人じゃないか」ということが、接触を通して気づかされるのです。

嫌いな人にも積極的に話しかければ、おかしな思い込みを修正できます。ですから、どんどん話しかけたほうがよいのです。

実際の接触ではなくても、イメージによる接触でも同じような効果も挙げられます。

英国ケント大学のソフィア・スターチは、イスラム教徒ではない大学生に、「英国に住むイスラム教の人と、ゆったりした雰囲気の中で、楽しく会話しているところをイメージしてください」とお願いしました。

すると実際に接触をしたわけでもないのに、イスラム教徒に対する偏見を減らせることがわかりました。

嫌いな人にどうしても話しかけられない人は、まずは空想のイメージでもいいので、親しくおしゃべりしているところでも考えると、嫌いな感情を抑制できるかもしれません。

ポイント

嫌いな人にこそどんどん話しかける
話しかける頻度があがると嫌いな感情を抑制できる

はっきりと敵であったほうがよい

自分に対して味方なのか、敵なのかがよくわからない人がいます。

自分に対して好意を見せてくれていたと思ったら、いきなり敵意をむき出しにする上司がいるとしましょう。こういう人の下で働く人間は、心が休まりません。それならばいっそのこと、ずっと敵意を見せ続けてもらったほうが、こちらはラクです。はっきりと自分の敵として認識できるからです。

ある日には「キミはわが社のホープだ」などと持ち上げてくれていたと思ったら、翌日には手のひらを返したように、「キミは本当に使えない」と地面に叩き落されるようなことをいわれたら、どちらを信用してよいのかがはっきりしなくなります。

米国ブリガム・ヤング大学のジュリアン・ホルト＝ランスタッドによると、ポジティブな特性とネガティブな特性を併せ持っている、アンビバレントな親、友人、恋人と付き合っている人の生理反応を調べると、血圧や心拍数が高くなる傾向があったそうです。

さっきまで機嫌がよかったと思ったら、いきなり態度が豹変し、不機嫌な顔をする親や恋人と付き合わなければならないと、血圧も心拍数も高くなってしまいます。なぜかというと、相手の行動が予測不可能なので、こちらはずっと緊張しっぱなしでいなければならなくなるからです。

ポジティブなところとネガティブなところが混在し、愛情と憎悪がくり返し反転するような人とは、できるだけ付き合わないようにしましょう。そのほうが疲れずにすみます。

性格に二面性がある人とは、どうやって対応してよいのか、よくわかりません。

どういうときに怒り出し、どういうときに喜ぶのかがわかるのであれば、まだ救いがあります。相手の地雷を踏まないように気をつければよいだけの話だからです。その点、まったく予測不可能な人とは、お付き合いするのも難しいでしょう。

「怒りっぽい上司」に困っている人がいると思いますが、アンビバレントな上司に比べたら、むしろ扱いは簡単だと思います。「報告が遅れると機嫌が悪くなるんだな」とか、「お腹が減ってくると、イライラしてくるみたいだな」ということさえわかってしまえば、怒りっぽい人のほうがかえって扱いはラクなものです。

感情が上がったり下がったり、ジェットコースターのように乱高下する人とは、なるべく距離をとりましょう。相手の行動が予測できませんので、ずっとヒヤヒヤして生活しなければなりません。

ポイント

感情が一定でない人との付き合いはなるべく避ける
感情にムラがある人との付き合いが一番疲れる

傍観者は、そんなに冷淡でもない

心理学には、「傍観者効果《ぼうかんしゃ》」と呼ばれる古典的な法則があります。傍観者がいると、困った人がいても、「自分以外のだれか他の人が助けるだろう」と思ってしまいやすく、自分では援助の手を差し伸べなくなる、というのです。

けれども、人はそんなに冷淡なのでしょうか。

最近の研究によると、傍観者効果はそんなに起きないどころか、むしろ逆であって、傍観者がいたほうが人は積極的に援助をするようです。

オランダ犯罪法執行研究所のマリー・リンデガードは、警察が利用している街中の監視カメラ80台分のデータを使い、街中で起きた現実のケンカについて調べてみました。

リンデガードは、まず殴り合いのレベルを分類しました。ケンカが起きていない状態をレベル0とし、レベル1は、相手に指を突きつけるなどをしても、物理的な攻撃をしないもの。レベル2は、殴る、蹴るなどの物理的な攻撃が発生したものです。レベル3は、何らかの道具を使って殴り合いをしているものです。

その結果、傍観者がいると、ケンカを止める確率は増えました。従来の傍観者効果は見られませんでした。さらに、殴り合いのレベルが上がるほど、周囲の人が止める確率も高まりました。レベル0に比べてレベル1のときには10倍、レベル2で16倍、レベル3では39倍も周囲の人が止めに入りました。

ケンカなどしないほうがいいに決まっておりますが、かりにケンカをするような状況になったときには、できるだけたくさんの人が周囲にいる状況を選びましょう。

居酒屋でケンカが起きそうなときには、相手が「表に出ろ!」と言っても拒否しましょう。店内のほうが他のお客さまもいるので、そういう人が止めてくれる可能性が高まるからです。だれもいない路地裏のようなところには、絶対に行ってはいけません。

知らない人に因縁をつけられ、「静かなところに行こうか」といわれても、やはり人通りの多いところに走って逃げましょう。周囲に他の人がいたほうが、仲裁に入ってもらえるからです。

職場において、上司から説教をされそうなときには、会議室や空いている個室に連れて行かれないようにしましょう。さすがに手を上げる上司はいないと思うのですが、わかりませんし。暴力を振るわれないように、他の人がいるところで説教を食らったほうがよいわけです。

周囲に人がいれば、「まぁまぁ、部長、もう本人もずいぶんと反省しているようですから……」と適当なタイミングを見計らって助け船を出してくれるものです。

ポイント

困ったときに周りに人がいると助けてくれる
ケンカなどをするときは人がいるところでする

イライラしたら、自分の足裏に集中してみる

腹が立つことにはだれにもであります。

腹が立ったときには、自分の意識を他のどこかに向けるとよいでしょう。別のところに注意を向けるようにすると、いつの間にか腹立ちも解消されるからです。

注意を向けるのは、どんなところでもかまわないのですけれども、自分の「足裏」に注意を向けるとよい、という面白い研究があります。

米国ジョージア州にあるオーガスタ大学のナーバイ・シンハは、知的発達の遅れがあり、暴力的な傾向のある男性に、イライラするようなときがあったら、自分の足裏に注意を向けるテクニックを教えたところ、1年経っても、あまり怒りを見せなくなったという報告を行っています。「靴の中にある、自分の足裏がどんな状態なのか」「汗をかいていないだろうか」「靴下がきつくて締めつけられているような感じはしないか」

そういうことを考えるようにすると、知らないうちに怒りもおさまってしまうものなの

です。

シンハは、自分の足裏に注意を向けるというテクニックを確認しているわけですが、もちろん、他のところに注意を向けても同じような効果を得ることができるでしょう。

自分の腕はどんな感じなのか、顔はどうか、背中はどうか、と他のところに注意を向けていると、少なくとも一時的には、自分が怒っている対象に注意が向かなくなります。

私たちは、一度にひとつのことにしか注意を向けることができませんから、他のところに注意を向けていると、イライラを引き起こしている対象への注意をそらすことができます。そのうち、「あれっ、私は何に腹を立てていたんだっけ？」と自分でも驚くほど怒りの感情はおさまってくれるでしょう。

上司に理不尽に怒鳴られているときには、うつむいて上司の靴をじっと見つめてみましょう。靴の汚れ、靴紐の緩みなどを観察していると、自分が叱られていることも忘れますし、そのうちにお説教も終わっています。

注意を他のところに向ける方法は、「注意拡散法」と呼ばれるライフハックなのですが、このテクニックは、怒りをマネジメントするときだけでなく、退屈を紛らわせることにも役に立ちます。

たとえば、退屈な会議に参加しているときには、発言者の顔をじっと観察してみるのです。相手の顔にシミやほくろがあるのだな、少し髪型が乱れているのだな、今日はいつもより疲れて見えるな、などと考えているうちに会議も終了するでしょう。

発言者のことを観察していると、発言者には「熱心に私の話を聞いてくれている」と思ってもらえるので、積極的に会議に参加しているようなふりをすることもできます。眠ったり、そっぽを向いたりしているわけではないので、悪い印象を与えずにすむというメリットもあります。

ポイント

腹が立ったときは自分の足に注意を向けてみましょう
いつの間にか怒りがおさまっているはずです

第3章

幸せになれるライフハック

人間関係が良好なほど、幸せになれる

幸せでいられるかどうかは、人間関係によって決まります。だれに対してもうまく付き合えるようになると、私たちは幸せな気持ちで生きていくことができます。

米国イリノイ大学のエド・ディーナーは、222人の大学生を51日以上調べ、「毎日がハッピー」と答える非常にハッピーな人だった上位10%、「まったくハッピーではない」と答えた下位10%、その中間の人27%を抜き出して、さまざまな人間関係がうまくいっているかどうかを聞きました。すると、次ページの図表⑦のような結果になりました。

とてもハッピーな人は、親友とも、家族とも、恋人とも非常に良好な関係を築いていて、一人でいる時間が短いことがわかります。あまり幸せでない群に比べると、どんな人間関係もうまくいっているといえるでしょう。

私たちの幸福感の源泉は、どうも人間関係にあるようです。

■図表⑦ ハッピーな人ほど人間関係は良好

	下位	中位	上位
親友との関係	4.1	5.2	6.3
家族との関係	3.7	5.8	6.4
恋人との関係	2.3	4.8	6.0
一人でいる時間	5.8	5.0	4.4
だれかといる時間	3.6	4.5	5.1

＊上から3つまでは7点満点、下の2つは10点満点です

（出典：Diener, E.ら,2002より）

「あまり人付き合いがうまくない」と思うのなら、まずは人と一緒にいる時間の絶対量を増やしてみましょう。人と接する時間が増えれば増えるほど、人付き合いのコツというか、勘どころのようなものがわかってくるからです。

勉強は、たとえ独学であっても、勉強する時間の絶対量を増やせば、それなりに偏差値が上がっていきます。人付き合いの技術もそうで、人に会う機会や時間を増やせば、たとえ自分なりのやり方でも、それなりに上達していきます。

「人付き合いなんて面倒だからイヤだ」という人は、いつまでも人付き合いの技術を鍛えることができません。もう少し社交的になり、人に会う時間を増やしましょう。

人付き合いの技術は、何歳になっても必要な技術です。

できるだけ若いうちから、人付き合いの技術を磨きましょう。なぜなら、人付き合いの技術は、一生使えるものすごく重要なスキルだからです。

英会話の技術は、海外に住みたいとか、外国人と取り引きをしたいという人以外には、あまり役に立たない技術ですが、人付き合いの技術はだれにとっても役に立ちます。ぜひ早い段階で身につけておきましょう。

ポイント

人付き合いが上手な人は幸せになれる
なるべく早い段階で人付き合いの技術を身につける

野菜と果物をたくさん食べると幸福度が高まる

私たちを幸せにしてくれる食べ物のことを「ハッピーミール」と呼びます。多くの人にとってハッピーミールは、野菜と果物です。したがって、野菜と果物を口にするようにすれば、他に何か特別なことをしなくても、毎日ハッピーでいられます。

ニュージーランドにあるオタゴ大学のボニー・ホワイトは、「一日一個のリンゴは医者を遠ざける」という慣用句をもじって、「一日一個のリンゴは、心のモヤモヤを吹き飛ばす」というタイトルの論文を発表しています。

ホワイトは、281人の実験参加者に21日間、野菜と果物を食べた記録をとってもらいました。また、毎日、どれくらいポジティブ感情（幸福、高揚など）になれたのかの記録もとってもらいました。

すると、**野菜や果物を食べた「翌日」にポジティブ感情が高まる**ことがわかりました。どうやら果物を食べることによる気分の高まりは、少し遅れて出てくるようです。

多くの人は、脂っぽいものや、糖分がたっぷりの食べ物を好むと思うのですが、そういうものを食べても満腹感はあっても、幸福感は高まりません。ですので、意識して野菜と果物を食べるようにしたほうがよいのです。

果物は、メロンやマンゴーなどの高級なものでなくても大丈夫です。個人的にオススメなのは、バナナ。高級なバナナもありますが、普通にスーパーに並んでいるバナナはそんなに高くありませんので、毎日食べることができます。コンビニによっては、房《ふさ》ではなく一本ずつで売っているバナナもあります。

そういうものを食べると次の日にはハッピーになれるのですから、ぜひお試しください。

バナナは色が黄色ですが、黄色は「ハッピーカラー」とも呼ばれており、私たちを幸せにしてくれます。視覚的にもオススメできる果物です。

果物は何となくぜいたく品のようなイメージがあると思うのですが、そんなに高いわけでもありません。スーパーに行けば特売品の果物がいくつもあると思うので、スーパーに出かけるときには必ず買うようにしましょう。

「最近、何をしていても楽しくない」という人は、心が病んでいるのです。そういう人こそ、もっと野菜や果物を食べましょう。

脂っぽいとんかつや天ぷらを食べて栄養バランスが崩れているので、気持ちも盛り上がらないのです。たくさん野菜や果物を食べるようにすると、毎日が楽しくなるはずです。

ポイント

野菜や果物を食べると幸せになれる
脂っぽいものや甘いものを食べるのは極力避ける

1日5000歩でうつ病を予防できる

「1日に1万歩」を心がけると健康になるといわれています。ウォーキングをしている人にとっては常識的な知識です。読者のみなさんも、きっとどこかで聞いたことがあるのではないでしょうか。

「1日に1万歩ということは、ひょっとしたら1日に2万歩、3万歩と増やせば、もっと、もっとびっくりするほど健康になれちゃうんじゃないの？」と思う人もいるかもしれませんが、そんなに単純にはいきません。というより、〝歩きすぎ〟によって、ヒザや足首を痛めてしまって、かえってマイナスの効果さえあるでしょう。

さらにまた、「1日に1万歩」でさえ、ひょっとすると多すぎるのでは、ということを示す研究もあります。

米国ミシシッピ大学のメーガン・エドワーズは、1日に5000歩以下で生活してもらうグループと、5000歩以上で生活するグループの比較を行ったことがありますが、毎日5000歩以上のグループほど、日々に感じる満足度が高くなり、不安や、気分の落ち込みも経験しにくくなるということを明らかにしています。**1日に5000歩を心がけると、うつ予防になる**のです。

忙しい現代人にとって、「1日に1万歩」の目標は少々ハードルが高いかもしれません。そのため、ウォーキングの試み自体を「私にはムリ」と諦めている人もたくさんいるのではないでしょうか。けれども、その目標の半分の「1日に5000歩」なら、意外に簡単にこなせると思いませんか。通勤・通学のときの歩数も当然計算に入れてよいのですから。わざわざウォーキングの時間を設けなくても5000歩ならすんなり目標を達成できそうです。

それにまた、エドワーズの研究で明らかになったように、5000歩でもうつの予防ができますので、「歩数が少なすぎると、まったく意味がない」ということでもありません。5000歩でも十分な効果が期待できます。

「なんだ、5000歩でもいいんだ」と思えると、ハードルがグッと下がって、だれにでも気軽に取り組めるのではないかと思います。

どんな物事もそうだと思うのですが、たやすく目標を達成できたほうが、初心者には取り組む意欲が湧きます。「1日1万歩」では、「う、う〜ん……」と首をひねってしまう人でも、「1日5000歩」なら、「それならいけそう」という希望を持てるでしょう。

スマートフォンには万歩計の無料アプリはいくらでも見つけられますので、いろいろ試して比較してください。個人的には自動でグラフ化してくれたり、継続した歩数をさかのぼってチェックしたりする機能があるとよいと思います。

「ただ歩くだけはちょっと……」と抵抗感があるのなら、位置情報を使ったゲームアプリで遊びながら歩くのがよいでしょう。「ポケモンGO」や「ドラゴンクエストウォーク」や「モンスターハンターナウ」などで遊んでいると、1日5000歩も楽しくこなすことができるはずです。

ポイント

1日5000歩のウォーキングがメンタルヘルスに効く
ゲームアプリを使って楽しくウォーキングの習慣を身につける

寄付をすると自分が幸せになれる

コンビニやスーパーのレジの横には、募金箱が置いてあります。

買い物をしたときにお釣りをもらったら、そのお釣りを募金箱に入れてみてください。何だか自分がものすごく「いい人」のように思えて、とても幸せな気分になることができます。1円玉でも、5円玉でもけっこうです。

募金をすると、店員さんから「ありがとうございます」という感謝の言葉をかけてもらえることもあります（かけてくれない店員さんもいます）。

そういう感謝の言葉をもらうのも、私たちの自尊心をくすぐり満足度を高めてくれます。わずかな金額で、簡単に幸せになれるのですから、寄付はオススメです。

時折、駅前などで子どもたちが募金箱を抱え、「募金をお願いしまーす！」と大きな声で叫んでいることがあります。

たいていの人はそのまま素通りしてしまうと思うのですが、私は違います。「自分が幸せになれるチャンスだ！」と思って寄付をします。1人だけではありません。5人の小学生が募金箱を抱えていたら、1人ずつ献金をするのです。

お礼をしてもらえる回数も1回ではなく5回になるので、とても気持ちがいいものです。

募金の中身はあまり気にしません。緑や河川を守ろうという募金でもかまいませんし、被災地のための募金でもかまいませんし、動物愛護の募金でもかまいません。どんなことに集めたお金が使われるのかも気にしません。寄付をすること自体が気持ちのよいことだからです。


米国デューク大学のラリン・アニクは、オーストラリア銀行の行員85人に実験参加をお願いし、〝寄付グループ〟に割り当てた行員には、一人一人に100オーストラリアドルを渡し、いくつかのチャリティサイトの中から、好きなチャリティに寄付してもらいました。比較のためのコントロール条件に割り当てた人は、寄付をしません。

それから現在の幸福度を調べてみると、寄付をした人のほうが、「私は自分の人生がハッピーだと思う」「今の私は、まんざらでもない」という回答が増え、しかもなぜか仕事の満足度も高くなりました。


寄付をすると、自分が幸せになれるのです。

仏教やジャイナ教を含む古代インド宗教では、「托鉢《たくはつ》」と呼ばれる修行があります。

修行僧は、街中を歩きながら、あるいは信者さんの家を回って、お金や食料を乞うわけですが、これは決して自分のためではありません。施《ほどこ》しをする人によいことをしてもらい、気持ちよくなってもらおう、というのが狙いです。

たまに勘違いする人もいるのですが、托鉢をしている修行僧は、お金が欲しいのではありません。施しをしてくれる人に幸せになる素晴らしい機会を与えてくれているのです。

ポイント

1円でも5円でも寄付をすると幸せな気持ちになれる
自分の無理のない範囲で寄付をする

ペットを飼う人ほど医者にかかる回数が少ない

ワンちゃんでもネコちゃんでもかまわないのですけれども、ペットを飼うとたくさんの恩恵を受けることができます。

まずひとつ目は、精神的にも身体的にも病気になりにくくなることです。

米国カリフォルニア大学ロサンゼルス校のジュディス・シーゲルは、65歳以上の1034人に1年間のパネル調査をお願いしてみたのですが、**ペットを飼っている人ほど、医者にかかる回数が少ない**ということがわかりました。

動物には、癒しの効果があります。

動物をやさしく撫でていると、ペットも嬉しいでしょうが、撫でている私たちもリラックスできるのです。ペットとの触れ合いにより、私たちの血圧も心拍数も落ち着きます。

ペットがいると、ストレスを軽減することができ、それが私たちの心も身体も癒してくれます。そのため、医者にかからずにすむのです。

ペットを飼うことの恩恵のふたつ目は、因果関係ははっきりしないのですが、夫婦の離婚を予防できるということです。

米国テキサス・ウーマンズ大学のデボラ・パデン＝レヴィが、100人の女子大学生を対象にした調査では、「ペットを飼っている」と答えた家庭では、「ペットを飼っていない」と答えた家庭よりも、両親が離婚していなかったのです。

ペットには癒しの効果がありますので、夫婦の間の衝突や、ギスギスした雰囲気をなくしてくれるのに役立ち、離婚も抑制できるのでしょうか、その点はちょっとわかりません。「子はかすがい」という言葉があります。子どもは、お父さんとお母さんを結びつける「かすがい」（2つの木材を結びつける大きな釘）としての機能を果たすので、夫婦の愛情も高まりますし、離婚もしにくくなるのですが、ペットも子どもと同じような機能を果たしているという可能性もあります。だとすると、そのうちに「ペットはかすがい」という表現が生まれるかもしれません。

ペットの世話には洗ってあげたり糞尿を片づけたりする手間もかかりますし、エサ代としてお金もかかりますし、ワンちゃんの場合には散歩にも連れて行ってあげなければならないので、自分の労力もかかります。

にもかかわらず、ペットはコストよりも大きな利益や恩恵を私たちに与えてくれます。ペットを飼うと、幸せな気分でいられるのです。

ペットは何でもよいので、もし犬の鳴き声などが近隣住民への迷惑になることが心配なら、声を出さないカメや金魚などをペットにするのもよいでしょう。どんなペットでも愛情をもって接してあげると、きちんとした反応が返ってくるので、とても嬉しいものです。

ポイント

ペットを飼うと精神的にも肉体的にも病気になりにくくなる
ペットを飼うときは愛情を持って最後まで責任を持って飼う

長生きするために友だちを作る

長生きをする人には、共通する特徴があります。長生きできる人は、人付き合いの問題を抱えていないのです。

イスラエルにあるテル・アビブ大学のアリー・シロムは、820人の対象者を20年に渡って追跡調査してみました。その20年間で、53人がお亡くなりになったのですが、死亡にかかわる一番の要因は、人間関係でした。

親しくお付き合いする友だちがいない人ほど、精神的に苦痛を感じやすく、そういうストレスが少しずつ蓄積して寿命を縮めてしまうのだと考えられます。

「友だちなんていらない」
「結婚なんてしなくていい」
「だれともお付き合いなどしたくない」

そういう考えを持ってはいけません。友だちや家族がいると、私たちは心理的に安心できますし、楽しい人生を歩むことができるからです。

困ったときに、「ちょっと助けてほしいんだ」と相談できる人がいるのは、まことに心強いものです。問題を一人で抱え込まずにすむのは、ありがたいことです。仕事でイヤなことがあっても、友人、あるいは配偶者に愚痴をこぼさせてもらうと、モヤモヤも晴れてスッキリします。

同性、あるいは異性とのお付き合いに対して、「面倒くさくて疲れるだけ」と思う人もいるでしょうが、本当に疲れるだけなのでしょうか。

「自分の人生で一番楽しかったこと」を思い出してもらうと、たいていの場合は、他の人と何かを一緒にやったことを挙げます。友人と登山に出かけたときのこと、サークルのみんなとどんちゃん騒ぎをしたこと、恋人と旅行に行ったときのことなどを一番目に挙げるのです。人間関係は煩わしいこともありますが、同時に喜びや興奮を与えてくれるものでもあるのです。

ただし、「友人の数」はそんなにこだわらなくてかまいません。

「友だち100人できるかな」という歌もありますが、そんなにたくさんいなくても大丈夫です。一緒にいて心が和むというか、リラックスできる友人が何人かいれば、十分に幸せになれます。

ちなみに、米国カリフォルニア大学のグロリア・ルオンによりますと、若者に比べて、年配者のほうが、人付き合いの満足度が高い傾向があるのですが、その理由は、年配者は自分が気持ちよく付き合える人を選んで、その人としか付き合わないからだそうです。

大切なのは友人の数ではなくて、付き合いの深さです。わずか数人の友だちでも、その人と深くお付き合いしていれば、幸せになれますし、寿命も伸ばせるでしょう。

ポイント

自分の信頼のできる友人を持つと人生の幸福度が高くなる
友人を持つことで心身ともに健康でいられる

美人とイケメンは、本当に幸せなの？

鏡で自分の顔を見るたび、ため息が出てしまう人がいます。自分の顔が嫌いな人たちは、鏡を見ると、そのたびに気分が落ち込むのです。

「ああ、もっと器量がよかったら」
「女優の◯◯さんみたいな顔だったら、私の人生も変わったのに……」
「イケメンは何かと得をするんだろうなあ、羨ましい……」

私たちは、自分の器量の悪さを嘆《なげ》き、顔だちのよい美人やイケメンに嫉妬をしがちですが、それなら顔だちのよい人は、本当に幸せなのでしょうか。

いえいえ、そうではありません。むしろ、そういう人のほうが不幸だというデータさえあるくらいです。

英国シティ大学（2016年からはロンドン大学シティ校と名称が変更）のビョルン・メイヤーは、ファッション雑誌のモデル56人と、年齢がほぼ同じでモデルではない一般人53人を対象群として、幸福度を調べてみました。

顔だちのよいモデルのほうが、当然ハッピーかと思うはずです。けれども、結果は逆でした。モデルの人たちのほうが一般人よりも、人生満足度、人生幸福度のどちらも低かったのです。「美人だから幸せ」というわけではなかったのです。

「えっ、ウソですよね？」と思うかもしれませんが、本当です。

なぜモデルの人の幸福感が低いのかというと、おそらくは他の人との比較でしょう。モデルの人は、たしかに一般人に比べれば美形ではあるものの、そういう人は、**自分よりもさらに魅力的な人と自分を比較してしまう**のです。そして、「○○ちゃんに比べると私なんて……」と感じ、ハッピーになれないのです。

上を見たらきりがないわけですが、モデルさんは、上の人と自分を比べます。一般人と比べれば十分にスレンダーなのに、モデルさんはもっとスレンダーなモデルと自分を比較します。顔だちは悪くないのに、もっと、もっと魅力的なモデルさんと自分を比較します。これでは幸福になれるわけがありません。

お金も同じです。年収が1000万円の人がいるとして、一般人と比べれば十分に裕福なのに、そういう人は得てして自分よりもっと稼ぎの多い人、たとえば年収1億円の人と自分を比べて、わが身の不遇を嘆くのです。

たとえ美人でもイケメンでも、比べる人を間違えると不幸になってしまいます。

幸せな人生を送りたいのであれば、自分よりもレベルが下の人と比べるといいと思います。下の人と比べて、「私も捨てたもんじゃない」と思っていたほうが、心理的にはとても嬉しい気分でいられます。

ポイント

何に対しても上を見たらきりがない
比べるときは上ではなく、下と比べる

早起きするをするとポジティブになれる

「早起きは三文の得」ということわざがあります。

早起きをしたぶんだけ、他の人よりも勉強や仕事で差をつけることもできます。

それだけ得をするという意味なのですが、得をするのはそれだけではありません。何と、早起きを心がけるだけで、私たちはもっと幸せになれるかもしれないのです。


カナダにあるトロント大学のレニー・ビスは、435人の若者（17歳から38歳）と、297人の年配者（59歳から79歳）に、〝朝型・夜型テスト〟というものを受けてもらいました。起床時間、就寝時間、一日で絶好調になる時間帯などに答えて、自分が朝型タイプなのか、それとも夜型タイプなのかを判別するテストです。

さらにビスは、ポジティブな感情になりやすいかどうか、心がいつでも晴れやかかどうかも教えてもらいました。

すると、**若者でも、年配者でも朝型タイプのほうが、毎日ポジティブな感情を味わい、**

心がスッキリしていることがわかったのです。

ハッピーな生活を送りたいのなら、早起きをすればよいのです。

まだ外がひんやりしているときに起床し、窓を開けて清涼な空気を楽しみ、少しずつ朝日が昇ってくるのを見ると、何とも気持ちがいいものです。

私は、かつて完全な夜型人間でしたが、釣りをするようになってから朝型に変わりました。暗いうちに海に出かけ、釣りをしながら朝日を見るわけですが、言葉に表せないほど清々しい気持ちになります。

「早起きするのが苦手」という人もいると思うのですが、早起きは習慣です。最初は辛いかもしれませんが、そのうちに慣れます。何しろ、早起きのメリットを自分でも感じられるようになるので、そうなるともう夜型には戻れません。

だいたい私たちの習慣が形成されるのが平均して2か月ですから、2か月が経つ頃には、立派な朝型人間になれます。

早起きをすると、それだけ自分の自由時間が増えるので、好きなこともできます。夜にゲームをする人もいると思うのですが、夜にゲームをするくらいなら、朝早く起きてゲームをしたほうが、よほど健康的になれますし、気持ちがいいと思います。

朝型人間に生まれ変わった私は、朝のスッキリした時間帯にその日の仕事のほとんどを終わらせてしまうので、お昼になる頃にはもう一日分の仕事が片づいています。

作家の太宰治は朝から執筆を開始し、午後3時にはもう仕事を終わりにしていたといいます。夜は執筆しません。締め切りに追われての徹夜もしませんでした。私も太宰を見習って、朝型タイプになったわけですが、驚くほど仕事の効率もよくなりました。

ポイント

早起きをするとハッピーな気持ちになれる
朝型の習慣にするだけで、健康的になり、仕事の効率もあがる

何をするにも、まずは鏡を見てから

これから勉強に取りかかろうとか、仕事を開始しようというときには、鏡を見ておくとよいでしょう。というのも、ちょっとでも鏡を見ておくと自分のパフォーマンスを高めることができるからです。

スポーツジム、あるいは社交ダンス教室などに通っている人ならわかると思いますが、鏡張りのところが多いと感じませんか。

なぜ鏡張りなのかというと、自分の姿勢やフォームを確認するというだけではなく、「やる気を湧き出させる」という心理効果を狙っているから。スポーツジムや社交ダンス教室に鏡があるのは、そのためなのです。

オランダにあるラドバウド大学のアプ・ディクステルホイスによりますと、鏡を見ると、私たちは自己意識が強化され、張り切って行動できるようになるのだそうです。

もしスポーツジムに鏡がなかったら、どうなるでしょう。おそらく利用者は、もっとダラダラするでしょうし、トレーナーが見ていなければノルマの回数をごまかすでしょうし、その結果として身体を鍛えることもできなくなるだろうと予想されます。人間は、基本的にサボろうとするのが当たり前だからです。

そういう怠け心のようなものも、鏡を見るとたちどころに消えます。

不思議なことに、**鏡に映った自分を見ると、手抜きができなくなる**のです。

このような鏡の効果は、仕事にも応用できます。

帝国ホテルには、フロントの裏にも、レストランと調理場の入口にも鏡が置いてあるそうです。スタッフは、必ずこの鏡で自分をチェックして仕事に入ります。鏡を見ることで、気分がシャンとして、「さあ、やるぞ」という意欲を高めることができるのでしょう。

女性は、化粧直しをするために、コンパクトミラーを携帯していることが多いのですが、男性もコンパクトミラーを常に携帯しておくとよいかもしれません。どんな作業をするときにも、コンパクトミラーでしばらく自分の顔をじっと見つめていると、自然にやる気が出てきてくれることが期待できるからです。

コンパクトミラーがないのであれば、作業に入る前にトイレに行きましょう。トイレにはたいてい鏡がかけてありますので、そこで自分の姿を見るのです。

「鏡を見ている時間があったら、さっさと仕事に取りかかったほうが早いのでは？」と思われるかもしれませんが、それは違います。鏡を見ておいたほうが、自然と気分も高揚しますので、その後の作業をスピーディにこなすことができるのです。

なお、いうまでもありませんが鏡を見るのはせいぜい30秒ほどでよく、ナルシストのようにいつまでも自分の顔を見続けるのは単なる時間のムダ使いになりますので注意してください。

ポイント

何をはじめるにも鏡を見てから取りかかる
ちなみに鏡を見る時間は30秒ほどで大丈夫

一番恩恵を受ける人が、一番乗り気になれない心理

街中にある美容エステのお店のそばで、どんな人が入っていくのかを観察してみると、面白いことに気づきます。

「あなたは、もうこれ以上キレイになる必要がないでしょ？」と思うくらい十分に魅力的な人ばかりが入っていくのです。

逆に、あなたはもう少し自分の外見を気にしたほうがいい、という人はそういうお店には行きません。

講演会やセミナー、各種勉強会などに積極的に参加するビジネスマンもそうです。

そういうビジネスマンは、すでに十分に「仕事ができる人」です。知識を得ることによって一番恩恵を受けるはずの人、つまり、仕事がさっぱりできない人は、そういう勉強会にやってくることはありません。スポーツジムも同じです。

すでにスリムな肉体を手に入れて、運動をする必要がないような人ほど、ジムでさらに自分の身体を鍛えています。スポーツジムで一番恩恵を受けるのは、肥満で運動不足の人のはずなのに、そういう人はそもそもスポーツジムにやってこないのです。

カナダにあるサスカチュワン大学のマーク・オルバーは、犯罪者の矯正プログラムについて同じ結果を得ています。

刑務所に収監された犯罪者は、二度と犯罪をおかさないように、矯正プログラムを受ける機会が与えられます。ところが、オルバーが調べたところ、強盗や殺人など、もっとも矯正プログラムへの参加が求められる犯罪者ほど、プログラムの途中でバカバカしくなるのか、簡単にドロップアウトしてしまう率が非常に高いのだそうです。

一番受けたほうがいい人が、受けてくれないのです。私たちには、本当に不思議な傾向があります。

最大の恩恵を受ける人が、なぜかその恩恵を受けようとしないのです。どうしてそうなるのかは、ちょっとよくわかりませんが。

自分の教養を高めたいのであれば、一番よいのはたくさんの本を読むことです。

どんなジャンルの本でも、たくさん本を読めば読むほど、教養は自然についてきます。だから、おバカさんだという自覚がある人ほど、本を読んだほうがいいのです。

ところが、現実に本をよく読む人というのは、すでに十分すぎるほどに教養がある人ばかりです。私は本屋さんの中をぶらぶらするのが好きなのですが、店内にいるお客さまは知的で、教養をつける必要のない人ばかりだという印象を持っています。

ポイント

自分が足りない部分を客観的に見るクセをつける
自分に必要なものを冷静に見極める力を身につける

中途半端に社員にお金をあげるのは効果がない

従業員のモチベーションをアップさせる一番の方法は、やはり「お金」でしょう。お金が嫌いな人などいません。

賃金アップ、ボーナスもアップ、特別な賞与もアップ、ということになれば従業員たちも目の色を変えて仕事に取り組んでくれるでしょう。人間はものすごく現金な生き物なのです。

とはいえ、そんなに従業員にたくさんのお金を用意できるほどの余裕のない会社も多く、お金のあげ方はまことに中途半端なものになりがちです。そして、中途半端にお金をあげるくらいなら、いっそのことまったくあげないほうがよかったりします。

イスラエル系の行動経済学者で、現在は米国カリフォルニア大学のウリ・グニージーは、160人の大学生に実験参加の謝礼として60シェケル（イスラエルの通貨で、1シェケルはだいたい日本円の38円）をあげ、50問の頭の体操のような認知クイズを受けてもらいました。ただクイズに取り組む前にいくつかの条件を加えました。

比較のためのコントロール条件には、基本の60シェケルのみで追加ボーナスはありませんでした。1シェケル条件には1問正解するごとに1シェケルの追加ボーナスが、3シェケル条件には1問正解するごとに3シェケルの追加ボーナスがありました。

それから認知クイズをやってもらうと、一番頑張ったのは一番報酬の多い3シェケル条件でしたが、その次はというと、追加のボーナスをあげないコントロール条件でした。

あげるのならたくさんあげましょう。けれども、あげられないのなら、まったくあげないほうがよいのです。

なぜかというと、あまりにもちっぽけなお金が増えることは、多くの人にとっては嬉しいというより、むしろ腹立たしいからです。「こんなに少なくて、やる気など出せるか！」と逆の結果になりますので、要注意です。

お金をあげなくても、従業員に喜んでもらえる方法は他にもたくさんあります。

たとえば、拍手です。

「◯◯さんが今月、こんなに頑張ってくれました。みんなで拍手をしましょう」と提案するのです。みんなで「すごいよ！」「よくやったね！」「おめでとう！」などと口にしながら万雷《ばんらい》の拍手をしてあげるのはどうでしょうか。

おそらく本人は、「もうやめてください」と顔を赤らめて恥ずかしそうにするかもしれませんが、心の中ではものすごく嬉しいはずです。

自分が頑張っていることをみんなが認めてくれることほど、嬉しいことはありません。

ポイント

少しのお金は逆にモチベーションを下げる可能性がある
お金が用意できない場合は拍手を利用する

セックスをするとやる気が出る

気分がだらけて、「何もする気が起きない」というときには、どうすればよいのでしょうか。私たちのやる気の原動力となるのは、男性ホルモンとして知られるテストステロンです。したがってテストステロンを分泌するほど、やる気が出てくるわけですが、そのための方法のひとつが、セックスをすることです。

米国ジョージア州立大学のジェームズ・ダブズは、4組の異性愛カップルに11日間、セックスをする前後にだ液を採取しておいてもらい、テストステロンを測定してみました。すると、セックスをした後には、男女ともにテストステロンが増えることが明らかにされたのです。というわけで、**やる気が出ない人は、セックスをするとよい**のではないかと心理学的にはアドバイスできるのです。

「英雄色を好む」という表現があります。

偉業を成し遂げるような人は、エネルギッシュで、意欲的で、積極的で、それは異性に対しても変わりません。「色を好む」というのは、異性にも積極的だという意味です。

最近は、〝草食系〟と呼ばれる男性が増えているらしく、おそらくはセックスレスなのだろうと思うのですが、そういう人は、男性でも女性でも、生きる気力というか、意欲も出ないのではないかと思われます。もう少し〝肉食系〟にならなければなりません。これは、男性でも女性でもそうです。

セックスをしていない人は、どこか無気力というか、やる気のない顔をしているので、すぐにわかります。セックスをしている人は、顔のツヤもよいですし、生気に満ち溢れた顔をしているものです。

ネズミなどの動物もそうで、たっぷりと交尾をしている個体は、毛並みがツヤツヤしてきますし、元気いっぱいに走り回ったりしているのですが、交尾ができない状態に置かれた個体は、水や食べ物を十分に与えても、毛が抜け落ちたり、病気になったりします。

真面目な本で、たくさんセックスをしましょうとアドバイスするのもおかしなものですが、セックス自体は恥ずかしいことでも何でもなく、ごく自然なことですので、もっと積極的になってほしいと思います。

セックスをすると肌のツヤもよくなり、いつまでも若々しくいられます。何に対しても意欲的になれますので、よいことだらけなのです。

ポイント

セックスをすると何に対しても前向きになれる
セックスをすることは人間の本能

外国に行かないほうがいいタイミングがある

海外に留学したり、海外旅行に出かけたりするのなら、できるだけ世界的に経済が好調なときのほうがいいでしょう。みんなが幸せでいられるときのほうが、外国の人からも快く受け入れてもらえるからです。

逆に、世界的に不況のときには、国内で静かにしておいたほうが無難です。「外国人は出ていけ！」という冷たい仕打ちを受けたりするリスクが減らせるからです。

英国ケント大学のドミニク・アブラムスによりますと、経済的に不況、あるいはコロナのパンデミック時のように社会が不安定だと、私たちの偏見は強まるのだそうです。

経済が好調のときには、「外国人もウェルカム」という態度をとっている人でも、いったん景気が悪くなってくると、手のひらを返したように、敵対的な態度をとるものです。

不況のときは、海外には行かないほうがいいでしょう。外国人に対する偏見は、経済、あるいは社会の状況によって刻々と変化するものだと思っていたほうがよいでしょう。

最近は、ロシアのウクライナ侵攻があったり、イスラエルとパレスチナの戦争があったりして世界的に不穏な空気が流れていますので、海外に出ていくのはちょっとやめたほうがいい時期だと心理学的には予想されます。

もちろん、海外旅行は絶対にダメ、というわけではありませんが、強盗や殺人などの事件に巻き込まれるリスクが高まっているということは覚悟していきましょう。外国人というだけで、石を投げつけられたりするかもしれません。

海外旅行をするのであれば、日本に好感を持ってくれている国を選びましょう。世界14か国を対象とした、アウンコンサルティング株式会社の2024年の調査によりますと、日本に対して「大好き」と答えたのはインドネシアとフィリピンでともに100%でした。どうせ旅行に行くのなら、そういう国のほうがおかしなことをされないと思います。

ポイント

世界的不況なときは海外旅行をしないほうがいい
犯罪に巻き込まれるリスクが高くなる

学歴が高い人ほど、物わかりがいい

学歴が高い人には、頑固で、保守的で、新しい変化や改革には何にでも抵抗感を示すようなイメージがありますが、現実はその逆です。

学歴が高い人のほうが、むしろ物わかりがよいという研究があります。

米国ミシガン大学のキンバリー・クロスは、米国で行われた大規模調査のデータを分析し、**同性愛者の権利や、人種的平等に対する態度は、学歴の高い人のほうが寛容**だという結論を導いています。

「同性同士で結婚するのもいいいんじゃないか」
「人種が違っても同じ権利を持つのは当たり前じゃないか」
「外国人だからといって差別するのはおかしなものだろう」

学歴の高い人のほうが、このような寛容な考えを持っているのです。

自分の息子や娘が、外国の人と結婚したいと言ってきたとき、普通の親であれば多少はためらったり、反対したりするでしょう。文化や考え方の違う人に対して、私たちは本能的な嫌悪感を示します。これはだれでもそうなのです。

この現象は、「ゼノフォビア」と呼ばれています。

日本語に訳せば、「外国人嫌悪」あるいは「外国人恐怖症」となります。外国の人は何となく怖いと感じるのがごく一般的な反応なのです。

ですが、学歴の高い親であれば、「結婚は子どもが自分で決めることだし、それが外国人であっても、何らおかしいところはない」と賛成してくれるのではないかと思います。学歴の高い人のほうが、こういうところでは鷹揚《おうよう》で、寛容なのです。

新しいビジネスを起業するのも、やはり学歴の高い人でしょう。

普通の人は、怖くて簡単に起業などできませんが、学歴の高い人は不安ではなく、「チャンスだ」と思うのかもしれません。

ともあれ、学歴の高い人は、頭でっかちで、物わかりが悪いのかというと、実際にはそうではないようです。むしろ、新しい思想や文化をどんどん受け入れていこうという、心の広さを持っていると考えてよいのではないでしょうか。

ポイント

学歴が高い人のほうが物わかりがよい
学歴が高い人は心の広さを持っている傾向がある

天気によって投票行動が変わる

私たちの心理というものは、環境の影響を受けます。

たとえば、からりと晴れた日には気分もウキウキするものですし、しとしとと雨が降っていると、何もする気が起きなくなってしまったりします。

私たちにとってとても大切な国民の代表を決める選挙はどうでしょう。

候補者を選択できるというのは、私たちにとって非常に大切な権利です。かつて選挙権はごく一部の人が持てる権利でした。現在、日本では18歳以上であれば、みんなが平等に選挙権を持てるようになりました。

せっかくの権利なのですから、社会人であれば雨が降ろうが槍が降ろうが、行使するものなのでしょうか。

残念ながら多くの人にとってはそうならないようです。

米国アメリカン大学のスティーブ・ナックは、1984年、1986年、1988年に行われた投票研究のデータを用いて、「雨の日には投票率が下がる」という結果を得ました。これは何となく想像がつきます。雨の日に出かけるのは、億劫です。

けれどもナックは、他に興味深い事実も明らかにしています。雨の日には投票率自体が下がるものの、さらに突っ込んで調べてみると、投票に行かないのは市民としての義務感が希薄な人のみでした。義務感の強い人は、雨だろうが晴れだろうが関係がありませんでした。しっかりした性格の人は、天気は関係がないようです。

天気に左右されるのは、選挙の意義がよくわかっていない、国民としての権利意識なども弱い人です。

また、多くの人は、候補者を選ぶときに面倒くさいので、リストで先に名前が挙がっている人に投票してしまうという報告もあります。

ギリシャにあるテッサリー大学のゲルギオス・アバコウムキンは、1996年、2000年、2004年のギリシャの議会選挙を分析してみたのですが、投票用紙のリストで、先に名前が挙がっている人ほど、当選しやすいことがわかりました。

ちなみに心理学では、この傾向のことを「プライマシー効果」(首位効果)とか、「オーダー効果」（順序効果）と呼んでいます。

どうも**私たちは、天気が悪いという理由で投票に出向くのをやめてしまったり、せっかく投票所に出かけても、「選ぶのが面倒だから最初の人でいいや」といいかげんな理由で投票したりする**ようです。

本当は、もっと真剣に選挙のことを考えなければならないのに、どこの国民もそれほど熱心ではないのかもしれません。

日本はどうなのでしょう。他の国の例にもれず、やはり投票率は低下傾向にあります。たとえば、衆議院議員選挙の投票率は1958年の76・99％から、2024年には53・85％にまで低下しています。国民の約半分しか投票に出向かないのですから、なかなか厳しい状況です。

ポイント

天気によって選挙の投票率が変わる
天気に左右されずに、投票に出かける

猛暑が人をイライラさせる

地球の温暖化は、干ばつの増加や、食料不足、自然災害の増大など、さまざまな影響を与えるとされておりますが、もうひとつ絶対に覚えておいてほしいことがあります。それは、人と人との諍《いさか》いです。温暖化は、人間同士のぶつかり合いも増やすのです。

米国プリンストン大学のソロモン・ショーンは、1万年以上もさかのぼって集めた世界全体の60の紛争データについて分析しました。

すると、気温が標準偏差1つぶん高くなると、個人の暴力犯罪が4％増え、他の集団との紛争が14％増えることがわかったのです。

2050年までには、標準偏差2つぶんから4つぶんの気候変動が予想されているので、今後はますます紛争が増えることも予想されるとショーンは指摘しています。

世の中が平和になるためには、今すぐにでも温暖化を抑制する行動をとらなければならないのに、そちらのほうの動きは何とも遅々《ちち》として進んでいません。私たちの子どもや孫の世代に明るい未来を残しておくためには、とにかく行動を起こすしかないのです。

私たちは、気温が高くなるとイライラするようになるのです。戦争や内乱や紛争ほどに大きなものでなくても、温暖化は、私たちの攻撃性を高めます。ほんの些細なことでも、ケンカの種になってしまう可能性は、これからますます増えるのではないでしょうか。

米国デューク大学のリチャード・ラリックは、メジャーリーグで行われた5万2293試合と、試合当日の気温との関連性を調べてみたのですが、気温が高いほど、ピッチャーがデッドボールを投げやすい、という結果が得られました。

いうまでもなく、プロ選手は、メンタルをコントロールする訓練を受けています。けれどもそんなプロでさえ、気温が高いときにはイライラして、ついつい危険球を投げてしまうのでしょう。

天気予報を見て、猛暑日がつづくと予報されているときには、暴力や犯罪も増えそうだな、ということも予想しておきましょう。

肩がぶつかったとか、お前はメンチを切った（にらむという意味です）とか、おかしな因縁をつけられる可能性が高くなります。

会社では、上司からパワハラを受けやすくもなるでしょうし、お客さまにはカスハラを受けやすくもなるでしょう。

地球が温暖化し、気温が高くなればなるほど、すべての暴力被害の可能性が高まってしまうのですから、いつでもわが身を守ることができるようにしておかなければなりません。

他人から被害を受けるのを避けるだけでなく、自分自身もイライラして他の人に暴力を振るったりしないように気をつけましょう。イライラしているときには、目の前の人間が悪いのではなく、「気温が悪いのだ」という風に考えるようにすれば、他の人に八つ当たりをしたりせずにすみます。

ポイント

猛暑は人をイライラさせる
猛暑は暴力や犯罪が増えるので気をつける

第4章

仕事に使えるライフハック

デスクワークをしながら、貧乏ゆすりをする

行儀が悪く、見た目もあまりよろしくないのであまり大きな声ではいえませんが、デスクワークをしている人は、こっそりと貧乏ゆすりをしたほうがよいという報告があります。

英国ロンドン大学のガレス・ハガー＝ジョンソンは、1999年から2002年まで、37歳から78歳の女性1万2778人に、毎日の座っている時間を教えてもらいました。また、仕事中にどれくらい貧乏ゆすりをするのかも正直に答えてもらいました。

それから12年後に追跡調査すると、貧乏ゆすりをあまりしない女性ほどあらゆる死亡リスクが高くなることがわかったのです。

1日に7時間座って仕事をしている人は、5時間以下の人より30％も死亡リスクが高くなるのですが、貧乏ゆすりをしていると、そうした死亡リスクを減らせたのです。

座って作業をしていると、どうしても血流が悪くなります。

私たちの身体の筋肉の約70％は下半身に集中しています。そして、足を動かさないと、全身の血行が滞ってしまい、代謝機能の低下を招きやすくなるのです。だからそれを予防するために積極的に足を動かしたほうがよいわけで、そのためにオススメなのが貧乏ゆすりというわけです。

1時間に1度は休憩をとり、トイレに行ったり、飲み物をとりに行ったりするのであれば、貧乏ゆすりをしなくても足を動かすことができるでしょうが、そんなに頻繁に休憩をとっていると、周囲の人にいい顔をされません。

したがって勤務中にも、「だれも見ていないな」ということを確認し、こっそりと貧乏ゆすりをさせてもらいましょう。

仕事に力を出すのは当たり前のこととはいえ、自分の健康を損なってもよいのかというと、それは違います。仕事はきちんとやりながら、自分の健康を守るためにも積極的に貧乏ゆすりをしたほうがよいのです。

貧乏ゆすりをしていると血行がよくなりますし、その結果として、脳の働きもよくなるはずで、どんどん貧乏ゆすりをしたほうが作業能率もアップするのではないかと思われます。

最近は、身体を動かして仕事をするのではなく、デスクワークをする人が増えました。就労人口の約3割がデスクワークだという調査もあります。

仕事をするときには、貧乏ゆすりをしたほうがいいというライフハックをぜひ思い出してください。

ポイント

デスクワークをしている人は貧乏ゆすりをすると健康によい

人がいないときは貧乏ゆすりを活用する

なるべく自分を大きく見せるようにする

イヌやネコは、他の個体とケンカをするときには、全身の毛を逆立てます。なぜ毛を逆立てるのかというと、自分の身体を大きく見せるため。ゴリラもケンカをするときには、立ち上がって自分を大きく見せます。

他の動物もだいたいそうです。身体を大きく見せないとケンカに負けてしまいます。人間でも話は変わりません。

できるだけ身体を大きく見せたほうが、相手にナメられたり、軽んじられたりすることはなくなります。

カナダにあるブリティッシュ・コロンビア大学のジェイソン・マーテンスによりますと、**アゴを上げ、背筋を伸ばし、胸を張るようにすると、「地位が高そうな人」という印象を与える**のだそうです。

逆に、うなだれた姿勢をとると、身体が小さく見えて、「この人は弱々しい人だ」とか

「何でもこちらの言いなりにできそうな人だ」という印象を与えてしまうようです。

職場の人にからかわれたり、お客さまに怒鳴られたりすることの多い人は、身体を大きく見せるようにしないのがいけないのです。

背中を丸めてうなだれるのは、動物のケンカでいえば、「あなたに降伏します」というメッセージを相手に伝えることになります。人間の世界も同じで、身体を小さくするのは、自分の負けを認めるサインになってしまうのです。

気弱で、臆病な人は、どうしても身体を小さく見せるような姿勢をとりがちですが、自分の姿勢をたえず意識して、少しずつでもかまいませんので大きく見せるような努力をしてください。


身体を小さく見せると、仕事もうまくいきませんし、異性にモテることもないので、結婚もできなくなります。そういう不利益をこうむりたくないのであれば、堂々とした姿勢ができるようにトレーニングすべきです。

デスクワークをしていると、どうしても猫背になりやすいので、姿勢を矯正するベルトなどを試してみるのもよいでしょう。

姿勢が変わると、自分の心理も変わってきます。
たえず胸を張るようにしていると、自信を持つこともできますし、他人に軽んじられることもなくなり、よいことずくめなのです。

ポイント

なるべく身体を大きく見せると仕事も恋愛もうまくいく
姿勢をよくするだけでよいことがたくさんある

できる人の隣で仕事をすると効率が上がる

私たちの仕事ぶりというものは、一緒にいる人の影響を受けます。自分のすぐ隣に仕事ができる人がいると、私たちも自然と作業を早めようとします。感染効果のようなものが起きるのです。

「俺たちならもっと力を出せるよ」
「よし、このまま最後まで突っ走るぞ」

そんな言葉をかけてもらったわけでもないのに、なぜか作業がスピードアップしてしまうのですから、人間の心理はまことに不思議です。

米国カリフォルニア大学バークレー校のアレクサンドレ・マスは、あるスーパーマーケットチェーンに協力してもらい、６店舗、３７０台のレジ係の記録を分析してみました。

その結果、隣のレジ係の人が、ピッと音の出る商品の読みとりが早いと、なぜかその隣のレジ係の読みとりも早くなることがわかりました。お互いに声をかけあったりするわけでもないのに、自然と早くなるのです。

というわけで、**仕事をするときには、できるだけ仕事の早い人のそばで自分の仕事もやらせてもらうようにしましょう。**

座席を自由に選べるフリーアドレス席なら好都合なのですが、もしそうでないのなら席替えの要望を出しましょう。気分転換にもなりますし、あまりしゃべったことのない人とのコミュニケーションも促進されるとアピールすれば、席替えを許してくれるかもしれません。

図書館で仕事や勉強をするときには、ダラダラして時間つぶしをしているような人のそばではなく、本を積み上げてガンガン仕事をしているような人の近くにいきましょう。他の席が空いているのに、すぐ隣に座ると嫌がられますので、その人を後ろから眺めるようなポジションがオススメです。

できる人を見ていると、自分の作業も格段に早くなります。頑張っている人の姿が見えると、「私も負けていられないな」という気持ちが高まるのです。

進学校に入学すると、そんなに勉強が好きでない人でも、自然と勉強ができるようになります。図書館や自習室で、周りの生徒が頑張っている姿がどうしても目に入ってくるので、いつの間にか自分も同じように頑張るようになるからです。

「この人の仕事ぶりはとても参考になる」という先輩やベテランの上司を見つけ、できるだけそういう人と行動をともにするようにしましょう。

その人がランチに出かけるときには、「私も一緒についていっていいですか？」とお願いしてみましょう。たいていの場合は断られません。

一緒に行動する機会が多くなればなるほど、いつの間にか自分の仕事ぶりにも好ましい変化が起きるでしょう。

ポイント

仕事や勉強をするときは、なるべくできる人の隣で行う
隣の人が頑張っていると自分も頑張れる

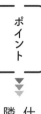

話の最中には、「あの～」「ええと」は使わない

「ヘッジ」という英語には、垣根《かきね》であるとか、回避などいろいろな意味がありますが、心理学で「ヘッジ」というと、話をするときの「ええと」とか「あの～」とか「その～」といった表現のことを指します。

人と話をするときには、このヘッジをできるだけ使わないことが大切です。

「ええと、僕は、その、今回のプロジェクトリーダーに抜擢され……まして、若輩者なのですが、ええと、頑張りますので、なにとぞ、あの～みなさまのお力もお貸しください」

このような形で自己紹介をしてはいけません。「何だか頼りない人だな」と思われるに決まっているからです。ヘッジがもし口から出そうになったら、それを〝グッ〟と飲み込んで、ポーズ（休止）を置くようにしたほうが、まだマシです。

「僕は、今回のプロジェクトリーダーに抜擢されまして……若輩者ですが……頑張ります。

なにとぞ……みなさまのお力をお貸しください」

このようにヘッジ表現を飲み込んだほうがよいでしょう。そのほうがあまり悪い評価を受けずにすみます。

米国ワシントン大学のキャサリン・ホークスは、23人の男子大学生と21人の女子大学生に、女性の話し手が、大学のセキュリティに関するスピーチをしているテープを聴いてもらいました。

なお、話し手の女性は、「ええと、あの……」といったヘッジ表現をしているバージョンと、ヘッジ表現をしていないバージョンのテープがあったのですが、ヘッジ表現をすると、その後の評価で、①有能でない（仕事ができなそう）、②信頼できない、といったネガティブな評価を受けることがわかったのです。

どうやらヘッジ表現を使うとネガティブな印象を与えてしまうので、できるだけ使わないほうがよいのです。では、ヘッジ表現以外にも気をつけるべき点はあるのでしょうか。

ホークスによると、疑問形が話の途中に出てくる表現（「そう思いませんか？」など）や、自分の責任をあらかじめ回避するようなディスクレイマーと呼ばれる表現（「自信はないんだけど」「よくわからないんだけど」など）も、あまり使わないほうがよいそうです。ヘッジ表現と同じように、これらもネガティブな評価につながるからです。

これらの表現をなるべく使わないように心がけるだけでも、読者のみなさんのスピーチ能力は相当に高くなると思います。

ポイント

話をするときは「あの～」といった表現を使わない
信頼できない、仕事ができなそうと感じられてしまう

身なりを整えると信頼してもらえる

アメリカのテクノロジー企業のＩＢＭが成功した理由は、「服装に厳しかったから」といわれています。毎朝、上司が部下の服装をチェックするという慣例もあったそうです。ディズニーのキャストもそうです。ディズニーには、厳しい服装規定があり、だらしない服装をしているキャストはパーク内に一人もいません。だからこそパークを訪れるお客さまたちは気分よく過ごせるのです。

きちんとした身なりをしていると、素敵な人、信用できる人、好感の持てる人、仕事ができそうな人といった印象を与えることができます。

昔の人の中には、「見た目なんてどうでもいいんだ、仕事で大切なのは中身だ」などという極論を述べる人もいましたが、それは間違いです。他の人に好感を持ってもらえるような服装をしているからこそ、仕事はうまくいくのです。

ヨレヨレのシャツを着て、何だか不潔そうに見える販売員から商品を買いたいと思う人

■図表⑧　きちんとした服装のほうが好意的に反応してくれる

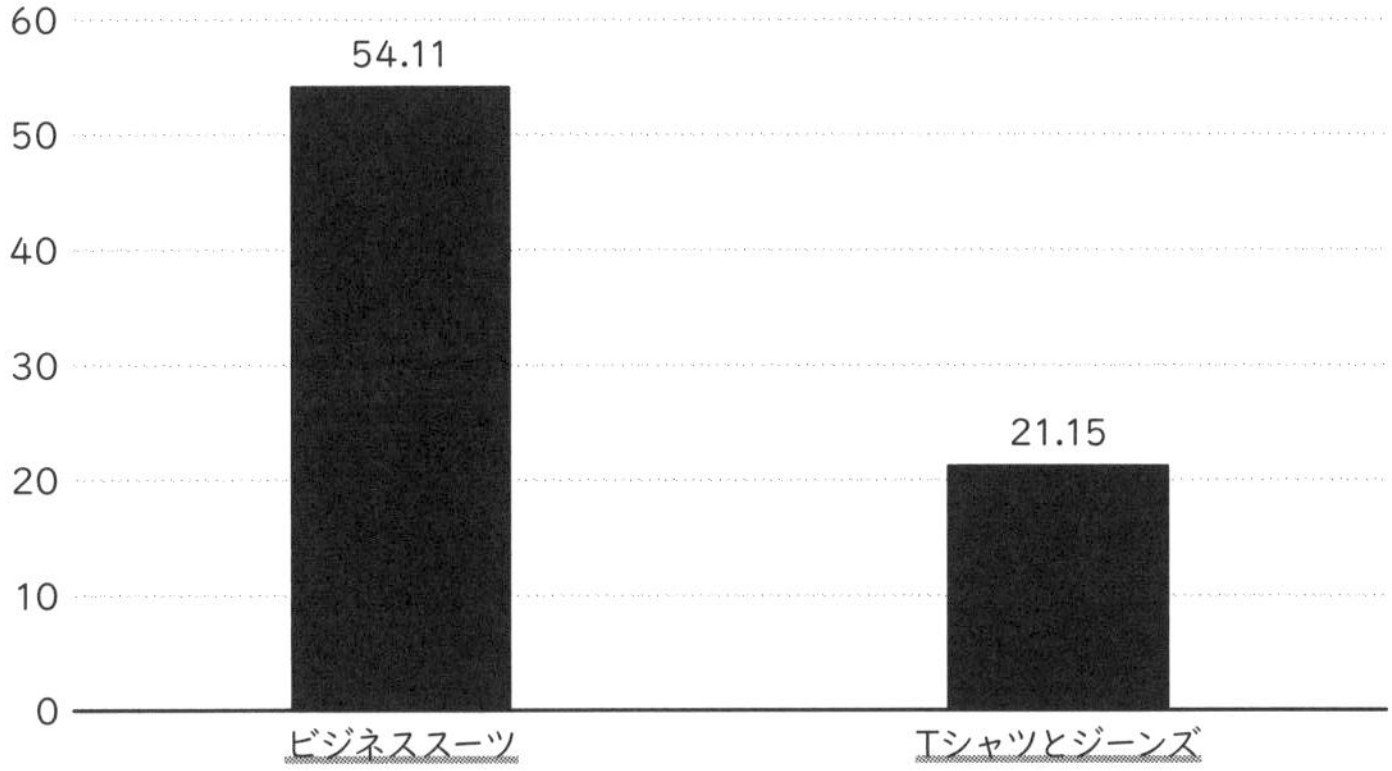

＊数値は募金で集まった金額（ドル）

（出典：Callaghan, B.ら,2022より）

はいないでしょう。まったく同じ品質の商品を買うのなら、できるだけ清潔感のある服装の販売員から買いたいと思うのが普通です。

同じ人物でも、服装をきちんとすると他の人の対応も違ってきます。

米国ニューヨーク市立大学のベネット・キャラガンは、キャラガン本人が実験の仕掛人となり、ニューヨークとシカゴの2都市で実験をしています。

キャラガンは、あるときにはビジネススーツに身を固め、ネクタイもきちんと締めて、「生活に困っているホームレスのために募金をお願いします」という看板を手に持って街中に立ちました。歩行者に声をかけることはしません。また、できるだけ無表情でいるようにしました。服装の影響だけを調べたかったので、笑顔が影響しないようにしたのです。

次にキャラガンは、Tシャツとジーンズという服装に着替えてやはり同じ看板を持って街中に立ちました。その結果、前ページ図表⑧のような結果が得られました。

まったく同じ人物でも、服装を変えると歩行者の対応がまったく違ってくるというのがよくわかる結果です。

「私は、どうもお客さまのウケがよくない」と感じるのなら、服装をきちんとしたものに変えてみてください。お客さまの反応は相当に変わってくると思います。

ポイント

身なりをきちんと整えると信頼してもらえる
服装を変えると相手の対応が変わる

説明は少しくどいほうがいい

話し手の理解と、聞き手の理解では、食い違いが見られます。話し手は、「自分の話はすべて伝わったであろう」と思いがちなのですが、聞き手のほうは、そんなに理解してくれていない、ということはよくあります。

したがって、仕事に関連してだれかに何かを説明するときには、「少しくどいかな?」と思うくらいでちょうどいいのです。説明が足りないよりは、くどいと思われたほうが間違いは起きません。

難しいところはやさしい言葉で言い換えるなり、比喩を使うなりして伝え、重要な箇所は念のために2回から3回くり返して説明するなどをしてあげたほうが、相手にもきちんと理解してもらえるはずです。

米国ニューヨーク大学のジャスティン・クルーガーは、実験参加者をペアにし、メッセージの送り手と受け手に分かれてもらい、送り手のほうには10のトピック(デート、スポーツ、食べ物など）に関連したメールを送ってもらいました。

受け手はそのメールを見て、内容を理解するのです。

クルーガーは、まず送り手に割り当てられた群に、「自分の打ったメールは、どれくらい相手に理解してもらえたと思いますか？」と聞いてみました。

すると自分のメールの内容の平均97％は正しく理解できただろうと推測したのです。ほぼ１００％理解できたはずだ、というのです。

ところが受け手のほうにメールの内容をどれくらい理解できたのかを聞くと、平均は84％でした。メッセージの送り手はほぼ１００％伝わったはずだというのに、受け手は84％しか正しく理解できなかったのです。


自分が何かを伝えるときには、1割から2割の理解の抜け落ちがあると思っていたほうがいいでしょう。


社内の飲み会の連絡を一斉メールで送っても、全員が正しく理解できたとは思わないほうがいいでしょう。日付は正しくても、集合時間を間違えたり、予算を間違えたり、お店を間違えたり、ということは必ず起きます。

したがって、飲み会が近くなったタイミングで、もう一度リマインドメールを一斉送信しておくのが無難です。さすがに、同じメッセージを2回も送れば大丈夫かと思われます。それでも間違える人はいるでしょうが。

くどい説明は相手に嫌がられるとはいえ、お互いの理解に齟齬《そご》が生まれ、後で問題が起きるよりは、くどいと思われることはある程度覚悟して、それでも念のために説明を加えたほうがいいケースが多いのではないかと思われます。

ポイント

説明は少しくどいくらいにしたほうがいい
理解を深めるためにも重要なことは2、3回説明する

スピーチをするときには、準備しすぎないほうがいい!?

自信を持って「私はスピーチが得意だ」という人は、少ないのではないかと思います。日本の学校ではアメリカのように人前でスピーチするという訓練はあまり行われないからです。

そのためでしょうか、人前でスピーチをしたり、プレゼンテーションをしたりするときには、あまりにも入念に準備しすぎてしまうことも少なくありません。

まったく何の準備もしないのは最悪ではあるものの、あまりにも準備しすぎるのも、これまた問題です。

米国カリフォルニア大学デービス校のスティーブン・ノールトンによると、**スピーチ用のメモを準備しすぎると、かえって流暢なスピーチができなくなる**そうです。台本を読み上げるようなスピーチになってしまうからです。

国会の中継を見ていただければわかるのですが、国会議員のスピーチを面白いと感じるでしょうか。面白いとは感じないでしょう。台本の棒読みを聞いても、面白くも何ともないのです。

というわけで、簡単なメモくらいは用意してもよいと思うのですが、完全な原稿を作るのはやめましょう。不自然なスピーチになってしまいます。ある程度は、出たとこ勝負のほうがよいのです。

私も講演会に出向くときには、大まかな流れのメモを作りますが、せいぜいA4用紙一枚くらいです。何枚ものメモを用意しておくと、いったいどこまでしゃべったのかがわからなくなり、パニックになってしまいます。用紙の順番が狂っていたりすると、なおさらです。

もちろん、スピーチ用の原稿を用意するのは完全にダメなのかというと、それも違います。結婚式のスピーチのような、せいぜい2、3分のスピーチであれば、台本を作って丸暗記するのもよいでしょう。

もちろん、当日にはメモを持って行ってはいけません。メモがあると、どうしてもそれを読み上げたくなってしまい、不自然なスピーチになってしまいます。

もうひとつこれも大切なことなのですが、スピーチというものは、練習すればするほどうまくなります。

したがって、スピーチから逃げるのではなく、むしろ積極的に自分にスピーチさせてもらえるようにお願いし、どんどん練習したほうがよいのです。

最初はうまくできなくとも、そのうちスピーチ能力も向上して、うまいスピーチができるようになります。何事も練習しておくことが重要です。

ポイント

完全な台本を準備しすぎると、上手にスピーチができなくなる
スピーチは練習すればするほど上手になる

助けを求めるときには、明るいところで

他の人に何かのお願いをするときには、できるだけ明るい場所を選びましょう。暗い場所でお願いするよりも、相手に助けてもらえる可能性がアップするからです。自分の仕事をだれかに手伝ってほしいというような、ムシのいいお願いをするときには、ぜひそうしてください。なぜ明るい場所のほうがいいのでしょうか。その理由は、瞳孔《どうこう》が小さくなるからです。

薄暗い光の場所では、より多くの光が入るように瞳孔は自然と拡大します（大きくなります）。逆に、明るいところでは目に入る光が多くなりすぎないように収縮して小さくなるのです。瞳孔が小さいほど、私たちの顔は「悲しそう」に見えます。そのため、その瞳を見た相手は助けてあげたい気持ちが高まるのです。

ドイツにあるブレーメン大学のデニス・カスターは、女性の顔をデジタル加工によって、瞳孔の大きさをあれこれと変えた写真を作りました。瞳孔の大きさは、小さいほうに3段

階、大きいほうに3段階の変化を加えました。具体的には、もともとの瞳孔の大きさを、デジタル加工で、マイナス25%、マイナス50%、マイナス75%、プラス25%、プラス50%、プラス75%にしたのです。

また、カスターは、「目の潤《うる》み」も実験に加えました。目の潤みがまったくない条件から、20%多く潤ませたもの、30%、40%、60%、70%、80%多く潤ませたもの、最後は涙がこぼれているものという条件です。

その写真を実験参加者に見せて、どれくらい助けたいと思うのかを尋ねてみると、瞳孔が小さいほど助けてあげたい気持ちが高まり、同じように目が潤んでいて、涙がこぼれているほど、助けたい気持ちが高まることがわかりました。

瞳孔の大きさというものは、呼吸や、心臓の拍動と同じように、自律的に行われるので、自分で意識してどうにかできるものではありません。ある程度は意識して変化させることができるという説もありますが。

けれども、**明るい場所でなら自然に瞳孔は小さくなりますから、そういう場所で人にお願いをしたほうがいい**のです。また、お願いをする前にはこっそりと目薬を差しておいて、瞳がウルウルしているとなおよいでしょう。

そういう目で相手を見つめながら、「何とか助けていただけないでしょうか？」と丁寧にお願いすれば、拒絶されることも少なくなるでしょう。

私たちは、困っている人を放っておけないものですが、瞳孔が小さくなっていると、本当に悲しそうで、困っているように見えるので、なおさら援助してあげたい気持ちが高まるのではないかと思われます。

もちろん、毎日、ムシのいいお願いをくり返していると、こちらの手の内もそのうちにバレてしまうでしょうから、ここぞというときまでこのライフハックはとっておいたほうがよいでしょう。

伝家の宝刀というものは、いざというときに備えてそんなにしょっちゅう抜かないほうがよいのです。

ポイント

明るい場所で助けを求めると助けてあげたい気持ちが高まる
何かお願い事があるときは明るいところを狙う

スマホがあるとパフォーマンスが上がらない

スマホに関していいますと、仕事に取りかかるときにもスマホはテーブルの上に置かず、カバンの中やロッカーの中にしまっておくのが心理学的には正解です。

なぜ、スマホを出しておいてはいけないのでしょうか。

それは、スマホが気になって、目の前の仕事に集中できなくなり、パフォーマンスが落ちてしまうからです。

米国テキサス大学のエイドリアン・ワードは、「頭脳流出仮説」というものを提唱しています。スマホが目に見えるところにあると、**私たちの思考や判断、つまり頭脳はそちらに向かってしまい、肝心の仕事に意識が向かわなくなってしまう**のです。

ワードはこの現象を仮説として提唱しておりますが、実験をするとまさしく仮説通りの結果が得られました。したがって、頭脳流出仮説は、仮説というよりも、「頭脳流出効果」と呼んだほうがよいでしょう。

ワードは520人のスマホ所持者を次の3つの条件に分けて、数学の問題を解きながら、同時に文字列も記憶するという作業をしてもらいました。

①スマホを机の上に置いて作業
②スマホをカバンにしまって作業
③スマホを実験室に入る前に、すべての荷物と一緒にロビーに預けて作業

作業量を調べてみると、一番パフォーマンスがよかったのは3番です。次は2番です。最悪だったのは1番でした。

スマホが目に見えるところにあると、てきめんに仕事ができなくなるのです。自分でも気づかないうちにパフォーマンスが落ちてしまうのですから、絶対に気をつけなければなりません。

スマホを目に見えないところに置いておいても、パフォーマンスは落ちます。ワードの実験では、「カバンにしまっておく」という2番の条件でもパフォーマンスは落ちました。

仕事に取りかかる前には、いつでも取り出せるような場所ではなく、できれば隣の部屋であるとか、どこか簡単には取り出せないようなところに置くようにしましょう。そこま

でしないと、頭脳流出効果によって、仕事の効率は落ちてしまいます。
スマホを手に持っていないと、どうにも落ち着かないという病的な依存症になる前に、できるだけ使用を制限したほうがよいでしょう。

ポイント

勉強や仕事をするときはスマホは少し遠くにしまう
スマホが手元にないとパフォーマンスがあがる

悪い報告は必ず先に行う

ホウレンソウ（報告・連絡・相談）はビジネスの基本ですが、もし上司に報告する内容に、悪いものとよいものがあるときには、どういう順番で報告すればよいのでしょう。

「結局は、どちらも報告しなければならないのだから、どちらが先でも同じだ」もしそう思うのであれば、それは間違いです。

心理学的に言うと、「悪いほうが先」になります。この順番を間違えてはなりません。

米国カリフォルニア大学リバーサイド校のアンジェラ・レッグは、121人の大学生に性格テストを受けてもらい、「テストの結果は、よいニュースと悪いニュースがあるのですが、どちらを先に聞きたいですか？」と聞きました。

すると78％の人が、「悪いニュースを先にお願いします」と答えたのです。10人中8人が悪いニュースを最初に聞いてしまいたいと答えた計算になります。

一体、どのような理由で悪いニュースを先に聞きたいと思ったのでしょうか。

レッグはその理由についても調査したのですが、悪いニュースを聞いて気分がへこんでも、その後によいニュースを聞けば、少しは気分も回復するだろうと思うから、という理由を挙げた人が一番多く、53・3％もいました。

悪いニュースを後に聞くと、悶々とした悪い気分がしばらくはつづいてしまいます。それよりは、よいニュースを後にとっておき、気分を元に戻したいと思うのが人情なのでしょう。上司も人間ですから、同じように思うに違いありません。ですので、悪いニュースを先にして、よいニュースを後にしたほうがよいのです。

悪いニュースを聞けば、上司もムッとするでしょう。

けれどもすぐ後に、よいニュースを聞けば、少しは気分が回復します。「まぁ、いいか」と。心理的なバランスがとれるのです。

「すみません、クライアントから契約破棄の連絡がありました」
「そりゃ、一大事じゃないか」
「ところがその後に、別のクライアントから大口の契約の依頼があったのです」

「そりゃラッキーだ」

報告が上手な人は、この順番をしっかり守りますので、上司の気分を害することもあまりないのです。もしこの順番を間違えると大変なことになります。

「クライアントから、大口の契約の依頼がありました」
「おっ、よかったな」
「ところがその前に、別のクライアントから契約破棄の連絡もあったのです」
「バカかお前は、そうならないように気を配るのがお前の仕事だろ」

こんな感じで怒鳴られることのないようにしたいものです。

ポイント

悪いニュースは絶対に先にする
よいニュースは後からしたほうが効果的

アイデアを出すときには、後半に期待する

クリエイティブなアイデアを出したいのなら、最初に出てきたアイデアはすべて捨てるのがよいでしょう。

すぐに頭に浮かぶようなアイデアは、他の人もすぐに思いつくようなものばかりで、独創性に欠けることが多いからです。

本当に素晴らしいアイデアは、アイデアが出尽くし、どんなに知恵を絞っても「もう出ない」と思った頃にやってくるものです。

1時間という制限時間があるとして、一番のアイデアは、最初の30分には出ないと思います。40分が経過し、50分が経過し、「そろそろ時間だ」というときにようやく素晴らしいアイデアが出てくるのです。

米国ノースカロライナ大学のロジャー・ビーティは、10分間の制限時間で、「レンガのユニークな使い方」のアイデアを出してもらいました。

すると最初のうちには、「重しに使う」「花壇を作る」といったありきたりなアイデアばかりで、時間の経過とともに、後半になればなるほど質の高いアイデアが出されることがわかりました。

最初のうちには、ありきたりのアイデアしか出ません。

頭にぱっと浮かぶアイデアは、たいてい他の人も容易に思いつくものです。ユニークさも、オリジナリティもないアイデアばかり。どれもこれも今ひとつ、ということになりやすいのです。

商品開発の企画会議をするのなら、最初の前半に出てくるようなアイデアはすべて捨てましょう。どうでもいいようなアイデアばかりだからです。**本当によいアイデアは、後半に出てきます。**参加者全員が、「もうあらかた出尽くしたよね」と感じ、ふと気が緩んだときに、いきなり素晴らしいアイデアが飛び出してくるものなのです。

本というものは、タイトルのよさで売れ行きが変わります。内容はあまり関係ありません。タイトルが重要なのです。そのため、編集者はうんうん唸りながらできるだけ素晴らしいタイトルをつけようと躍起《やっき》になるわけですが、最初のうちにはありきたりのタイトルしか出てきません。

そこで諦めず、さらに悩みに悩んだ末に、ようやく素晴らしいタイトルが出てくるのです。ぜひ編集者には、そこまで悩んでほしいと私は思っています。

通信販売の権威であったホールドマン・ジュリアスは、売れない本のタイトルを変えるだけで売れる本にしてしまう天才でした。たとえば、「ふさふさの金髪」というタイトルの本は、「ブロンドの恋人を探して」に変え、「論争術」というタイトルの本は、「論理的に議論する方法」と変えて売れる本にしたそうです（ドルー・エリック・ホイットマン著、岩崎英彦編、『現代広告の心理技術101』ダイレクト出版）。

よいアイデアは後になって出てくるということを知っておくと、最初のうちはつまらないアイデアしか出なくても気にならなくなります。「そのうち出てくる」と期待して簡単に諦めないようにしましょう。

ポイント

アイデアを出すときは最後の最後まであきらめない
よいアイデアは後になって出てくることが多い

アイデアを出すときは徹底的に類似商品を調べ上げる

商品を開発するときには、まず徹底的に類似商品の分析をしてみましょう。どういう商品が売れ筋なのかを調べて、それを参考にして自分のアイデアを出すようにするのです。参考になるアイデアをたくさん調べておけば調べておくほど、よいアイデアも出てきます。

米国テキサス大学のカレン・デュゴッシュは、160人の大学生に「もし両方の手の親指が1本ずつ多くなったとしたら、どんなメリットとデメリットが考えられるでしょうか?」という課題を与えて、できるだけユニークなアイデアを出してもらいました。

その際、あるグループには事前に調べておいた8つのアイデアの見本リストを示しました。別のグループには、40個のアイデアの見本リストを示しました。

その結果、8個ではなく40個のたくさんのユニークなアイデアの見本を見せられたほうが、自分もたくさんユニークなアイデアが出せることがわかったのです。

商品を開発するときには、類似商品をいくつか参考にするのではなく、徹底的に調べ上げましょう。参考になるものが多くなればなるほど、よいアイデアも出てくることが期待されます。

たいていの人は、面倒くさいと感じるのか、既存の商品や売れ筋商品をあまり調べません。いくつか調べて、「もういいや」と探すのをやめてしまうのです。

そのためでしょうか、そうやって開発された商品は、類似商品そのもの、つまりパクリ商品になりがちです。まったく自分なりのアイデアやオリジナリティが加えられないのです。そういう模倣品やコピー商品は、法律違反でもあるのですが、おかまいなしです。

最近は、どのような商品も似たり寄ったりな印象を受けます。

おそらくは、オリジナルの商品をそのままパクっているのではないかと思います。何とも情けないお話です。

まったく何もないところから独創的なアイデアが生まれるということはありません。他のものを参考にするのはかまわないのです。いろいろなものを調べて、そこに自分なりのものを加えていけばよいのです。

モーツァルトは天才作曲家ではあったものの、すべてがオリジナルではありません。モーツァルトのメロディはすべて、古い民族音楽を組み合わせたものだったといわれています（スティーブ・チャンドラー著、弓場隆訳、『あなたの夢が実現する簡単な70の方法』、PHP文庫）。

とにかく既存の商品やアイデアを徹底的に調べ、そこに新しいものを加えるように工夫するのが正解です。

ポイント

商品開発をするときは徹底的に類似商品を調べ上げる
そのほうがよいアイデアが生まれる

交渉中には、相手の顔から目を離さない

ビジネスの交渉をするときには、相手の名刺や手元の資料に視線を落としてはいけません。相手の顔をじっと見つめて交渉するのがポイントです。資料に目をやっていると、相手の顔を見ることができなくなるからです。

どうして相手の顔をよく観察すべきなのでしょうか。

その理由は、私たちの感情というものは、顔に一番表れるものだからです。喜んでくれているのか、怒っているのか、不安なのか、リラックスしているのか、といった非常に重要な手がかりは、顔を見ていればわかります。

交渉がうまい人は、相手の感情をきちんと判断できる人です。

米国カリフォルニア大学のヒラリー・エルフェンベインは、164人の大学生に、感情を正しく見抜けるかどうかのテストを受けてもらいました。さまざまな表情をしている男女の42枚の写真を見て、「悲しみ」「喜び」「驚き」といった感情のどれに当てはまるのか

を答えるというテストです。

そのテストが終わったところで、82組の同性のペアを作ってもらい、電球の売り手と買い手に分かれて交渉をしてもらいました。その結果、表情から感情を正しく見抜ける人ほど、交渉の成績もよくなることがわかったのです。

相手の顔をきちんと見ていると、相当に多くの情報を得ることができます。

こちらが要求を出したとき、相手の顔を見ていれば、「いきなり大きな要求を突きつけたのでムッとしているようだ」とか、「だいたい満足のいく要求だったみたいだ」ということがわかります。だから、たえず相手の顔を見ていたほうがよいのです。

たしかに、顔以外のところでも、感情が表れることもあります。不安を感じていれば指先が震えたり、嫌悪を感じていれば上半身を後ろにそらすようなしぐさをしたりするのです。

けれども、そういうところにまで注意を向けるのは、交渉の熟練者になってからでもよいでしょう。まずは相手の顔だけに焦点を当てるようにしたほうが、相手の感情をきちんと判断できます。

「相手の顔をまじまじと見つめるのは失礼にあたるのではないか」と思う人もいると思う

のですが、そういうことにはなりません。別に相手をにらみつけているわけでもないのですから、あまり心配しないことです。

穏やかな微笑を浮かべるようにすれば、相手は顔を見つめられても不愉快な気持ちにはならないでしょうから、笑顔を絶やさないこともポイントです。

ポイント

私たちの感情は一番顔に表れやすい

交渉などの大事な場面では相手の顔から目を離さない

心が読めるほど、リーダーとしての評価は上がる

リーダーとかリーダーシップという言葉を聞くと、フォロワーの顔色をうかがったりはせず、自分の信じた通りにぐいぐいと率先して人を引っ張っていくタイプを連想しがちですが、そのイメージは誤っています。

優れたリーダーほど、部下がどんな気持ちなのかを正しく見抜き、部下たちを気遣いながら行動します。独善的《どくぜんてき》で、何でも自分の思い通りに決めてしまうような人は、あまりよいリーダーではありません。

オーストラリアにあるウーロンゴン大学のデビッド・ロセッテは、公共サービス組織に勤めている41人の重役（平均42・24歳）に、人の心を正しく見抜けるかどうかのテストを受けてもらう一方、部下たちにお願いして各人のリーダーとしての有能さを評価してもらいました。

その結果、**部下の気持ちを正しく見抜ける重役ほど、部下からのリーダーとしての評価**

も高くなることがわかったのです。

部下の気持ちをきちんと読めるかどうかが、リーダーには求められているといえるでしょう。

もう一つ似たような研究をご紹介します。

米国シカゴにあるデポール大学のロバート・ルビンは、バイオテクノロジー企業の、少なくても2人の部下のいるマネジャー145人に、24枚の顔写真から、それぞれどんな感情なのかを言い当てる非言語読解テストというものを受けてもらう一方、直接の部下に上司としての評価をしてもらいました。

するとロセッテの研究と同じく、心を読むのが上手なマネジャーほど、部下から高い評価を受けることがわかったのです。

リーダーは、部下の心が読めなくてはいけません。

きちんと部下を観察し、どんな気持ちなのかを正しく見抜くからこそ、部下への配慮ができるのです。多くの仕事をまかせすぎて、部下が疲労困憊《ひろうこんぱい》しているようだと気づいたら、

「もう少しだから頑張れ」と励ましの言葉をかけてあげることができます。部下の顔色をうかがわない上司には、こういう励ましはできません。

自分で何でも物事を決め、独善的なリーダーは、まったく部下への気遣いができませんので、自分でも気づかぬうちにハラスメントをしている可能性もあります。そういう上司が、優れた上司になれることはありません。

私たちは、リーダーという言葉から、ナポレオンや毛沢東やレーニンなどをイメージするかもしれませんが、自分勝手なリーダーは、本当はあまりよくないリーダーであるということを覚えておきましょう。

ポイント

人の心が読める人ほどリーダーとしての評価が上がる
自分勝手なリーダーは評価が低い

仕事はできるだけ他の人にまかせる

　自分がしている仕事は、本当に自分がやらなければならないのかを自問自答してみてください。ひょっとすると、自分がやらなくても大丈夫、ということがわかるかもしれません。たくさんの仕事を抱えていると、あれもやらなきゃ、これもやらないと、という精神的なプレッシャーが高まってしまいます。

　仕事が多すぎると、血圧も心拍数も高くなりますし、それが心疾患を引き起こすリスクも高まります。

　そういうわけで、仕事というものは、どんどん他の人にまかせてしまったほうがよいのです。

「部下には、まだ仕事をまかせられない」と思う人もいるでしょう。

　けれども、部下にもどんどん難しい仕事をまかせていかないと、いつまでも成長することができません。上司が全部やってあげてしまうのは、本当のところ部下のためにならないのです。

英国ロンドン・ビジネス・スクールのジュリアン・バーキンショーによりますと、事務作業の47％は他人にまかせても問題なく、社外の連絡作業の35％は他人にまかせても大丈夫だそうです。

「何でも自分でやらなければダメ」というのは、本人の思い込みです。

現実には、他の人にお願いしても大丈夫なことのほうが多いのです。

うつ病になり、会社に出られなくなると、自分がやっていた仕事は、他の人が代わりにやることになります。そういう状況になって初めて、「なんだ、自分で何でもやろうとしなくてもよかったんだ」ということに気づくことができるのです。

「自分がやらないと仕事のクオリティが悪くなってしまう」というのも、おそらくは本人の思い込みです。他の人にやってもらっても、そんなにクオリティが低くなるということはあまりないものです。自分の仕事は、どんどん他の人にまかせましょう。

そのほうが自分もラクができますし、部下たちの仕事のスキルもアップさせることができます。一石二鳥です。

部下に自分の仕事をまかせると、「私は上司に信頼されているのだ」と思いますし、張り切って仕事に精を出してもらえることも期待できます。

何でも自分でやらないと気が済まない、という人は、よい上司にはなれません。よい上司は、自分の仕事をそっくり他の人にまかせることができる人なのです。

ポイント

仕事はどんどん人にまかせたほうが心身ともに健康でいられる
そのほうが部下も成長ができる

悪事はバレる前に自分から申告したほうがいい

内部告発で不祥事が明るみに出る企業は、一瞬で消費者の信頼を失います。それまでどれほど人気のあるブランドでも、瞬時にそっぽを向かれてしまうのです。

マスメディアなどによって不祥事が明るみに出されることほど、信用を失うことはありません。いくら謝罪をしても、許してもらえません。

したがって、企業のリスクマネジメントとしては、内部告発やマスメディアから悪事を暴かれる前に、自分から公表したほうがいいのです。そのほうが、傷が浅くてすむものだからです。

米国南フロリダ大学のトラヴィス・ベルは、自分から告白したほうが、だれかに暴かれるよりも救いがあると指摘しています。

2016年3月 女子テニスで元世界ランキング1位のマリア・シャラポワは、記者会見を開いて「ドラッグテスト」で合格しなかったことを自分から明かしました。

ベルによると、このように自分からバラしてしまったほうが、悪感情を持たれにくく、優れた作戦だといえるのです。

悪いことをしてしまったことは、自分から正直に告白しましょう。

他のだれかに悪事を明らかにされる前に、自分から明かすのです。

もちろん、悪いことは悪いこととして、一時的には悪い印象を持たれるかもしれませんが、「正直に告白した」ということで、自分の株もそんなに落とさずにすむのです。嫌われるとしても一時的なものですませることができるでしょう。

他のだれかに悪事をバラされ、しかも見苦しい言い訳をしていると、自分の評判はすぐに地に落ちます。みっともない言い訳をせず、謝罪をしてもなかなか許してもらえるものではありません。どうせ悪いことは、そのうちバレます。

「天網恢恢疎《てんもうかいかいそ》にして漏らさず」という難しいことわざがあります。悪事は必ずだれかに見られているものですし、そのうち必ず露見するという意味のことわざです。「隠していれば、バレない」ということはありません。

どんなにうまく会社のお金を横領しようとしても、そのうち見つかります。どんなに隠そうとしても、不倫や浮気もそのうち他の人が知るところとなります。自分ではうまくやっているつもりでも、お天道さまはちゃんと悪事を見ていますし、そのうち露見するのです。

というわけで、悪いことはさっさと自分から公表し、「本当にすみません」と謝ってしまいましょう。聞かされたほうも、「まぁ、自分から正直に言ったのだから1回だけは許してやるか」という気持ちになるのではないでしょうか。

ポイント

悪いことをしてしまったときは自分から公表して、素直に謝ったほうがよい結果になることが多い

隠し事は、なるべくしないほうがいい

魔がさして悪事を働いてしまったら、さっさと自分から公表したほうがいいというアドバイスをしました。同じように、自分の弱みや悩みやコンプレックスなども、できれば隠さずに、他の人に公表したほうがよいでしょう。

隠しごとをしていると、心の中がモヤモヤします。

それが精神的によくないことは、読者のみなさんにも納得していただけるのではないかと思います。

米国コネチカット大学のダイアン・クインは、235人に、どれだけ他の人に隠しごとをしているのかを聞きました。たとえば、万引きで捕まったことがあるとか、テストでカンニングしたことがあるとか、両親が離婚しているとか、他の人に言えない秘密をどれくらい抱えているのかを尋ねたのです。また、不安や抑うつをどれくらい感じるのかも聞きました。

すると、**隠し事をたくさん持っている人ほど、不安や抑うつを感じやすい**ことが判明したのです。隠し事をしていると、メンタルがやられやすくなるのです。

同じような研究は、他にもあります。

米国カリフォルニア大学ロサンゼルス校のスティーブ・コールは、222人のゲイの男性に、自分がホモセクシャルであることを周囲に隠しているかどうかを質問し、5年間の追跡調査をしてみました。

その結果、自分の性癖を隠している人ほど、ガンになるリスクが高まり、いくつかの感染症（肺炎、気管支炎、副鼻腔炎《ふくびくうえん》、結核）のリスクも高まることもわかりました。自分の秘密を隠していることで、免疫機能が低下してしまうためです。

たしかに自分の秘密を他の人に打ち明けることには勇気がいるでしょう。

けれども、一生悶々として過ごさなければならないのなら、人生のある時点で、カミングアウトすることをオススメします。モヤモヤした気持ちがなくなり、すっきりした気持ちで生きていくことができます。

それにまた、たいていの自分の秘密は、他の人にとっては、そんなに気にならないことも少なくありません。「お尻に大きな青あざがある」とか、「実は、バツイチである」とか、「実は、高校を中退している」と勇気を出して公表しても、「ふぅん、だからどうしたの?」ときょとんとした顔をされることもあるのではないかと思います。

自分でコンプレックスに感じていることも、他の人にとっては、特にどうということもないことが現実にはいくらでもあるのです。秘密を隠しつづけて悶々としているよりは、さっさと打ち明けたほうが精神的にもラクなのではないでしょうか。

意外にすんなり受け入れてもらえるので、拍子抜けするのではないかと思いますよ。

ポイント

自分の悩みやコンプレックスは素直に話したほうがラクになる
意外と他人は気にしていないことのほうが多い

女性を役員に加えるとバランスがよい

もし私が企業の経営者なら、取締役の役員には女性を加えるようにします。そういう会社のほうが業績もよくなるからです。

米国メリーランド大学のクリスチャン・デジェーは、「S&Pコンポジット1500」(スタンダード・アンド・プアーズの株価指数。日本でいうTOPIXと同じ)の上位企業のジェンダーの多様性と会社の業績を調べてみたのですが、女性が経営陣にいると、企業価値は4200万ドルも高くなることがわかりました。

男性と女性では、物事のとらえ方や感じ方に差があります。

男性だけで経営の話をしていると、どうしても男性の目線になってしまいます。その点、女性が加わっていると、男性には気づかないような点も配慮することができるようになり、それが会社の業績を伸ばしてくれるのです。

一般に**男性は、「攻めの経営」をやりたがります。**

積極的に攻めるからこそ、ビジネスはうまくいくのだ、と男性は考えやすいのです。男性は挑戦するのが大好きなのです。ところが、女性は違います。

どうすれば損をしないかという、保守的な考えをするのが女性なのです。**女性は、「守りの経営」です。**リスクがあるときには、女性は勝負などしません。だから、大きな失敗もせずにすむのです。

男性だけで経営のかじ取りをしようとするのは危険です。勇ましい発言をする人の意見に引っ張られて、たいていは大きな損失をこうむって痛い思いをします。その点、役員に女性がいれば、うまくバランスがとれます。

最近は、管理職の女性も増えてきた印象がありますが、それでもまだまだ少数派です。できれば半数くらいは女性にしてもよいのではないかと思います。特に、日本の企業では管理職の女性は少なすぎます。

政府は、2023年12月に「2025年までに女性役員の比率19%」という目標を発表しました。5人に1人を目指そうというわけです。これは、同年の6月に策定した女性活躍・男女共同参画の重点方針における「2030年までに30%」という目標の中間目標という位置づけです。

女性の取締役が増えれば、男性だけで物事を決めるよりもはるかにバランスのとれた経営ができるでしょうから、これは非常によいことだと思います。

ポイント

男性は「攻めの経営」、女性は「守りの経営」
女性を役員に入れるとバランスのよい経営ができる

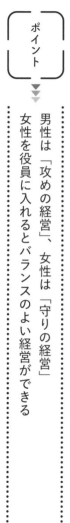

腐ったリンゴをそもそも入社させない

残念なお話ですが、職場には「いないほうがいい人」がいるという現実があります。いてもいなくてもよい人ではありません。もっと積極的に「いないほうがいい人」です。いてもいなくてもよい人は、仕事はできないかもしれませんが、少なくとも周りの人に迷惑はかけません。

ところが、「いないほうがいい人」は違います。周りの人のやる気を奪い、全体の作業を遅延させ、迷惑でしかないのです。

「腐ったリンゴは周りを腐らせる」ということわざがあります。

ことわざは、大部分が経験則でしかありませんが、えてして真実をうまく言い当てていることが多いのです。腐ったリンゴのことわざも、まさしく真実であることが確認されています。

オーストラリアにあるニューサウスウェールズ大学のウィル・フェルプスは、腐ったリンゴのタイプとして3つを想定しました。

- ●怠け者（やる気がない）
- ●ネクラ（愚痴や不満を口にし、絶えず不機嫌）
- ●無礼者（会社のルールを守らない）

この3タイプの人が職場に一人でもいると、チームとしてのパフォーマンス（仕事量や生産性）は40％も低下してしまうことがフェルプスの調査で明らかにされました。さらに恐ろしいことに、優秀な人材が複数人いたとしても、一人の腐ったリンゴの悪影響は払拭できないこともわかりました。

腐ったリンゴの影響は、私たちが思っている以上に強力です。

よい人材をどんどん増やすよりは、腐ったリンゴを取り除くことを考えたほうが、会社組織は改善されるでしょう。

私は大学の教員もしておりますが、同じような印象を持っています。クラスにやる気がなく、周りに聞こえるようにぶつくさ文句をいい、ルールを守らない（遅刻、私語）学生がいると、クラス全体の雰囲気がものすごく悪くなるのです。

会社の組織と大学の講義のクラスの違いはあっても、腐ったリンゴの法則が当てはまります。

最近では、従業員をクビにすることが法律的に難しくなっているので、腐ったリンゴはそもそも会社に採用しないし、絶対に入社させない、というところに腐心しなければなりません。おかしな人を入れると、本当に組織が悪くなるので気をつけましょう。

ポイント

腐ったリンゴを入れると組織が悪くなる
最初から腐ったリンゴを入れないシステムが重要

第5章

子育てに使えるライフハック

子どもの質問には、できるだけ向き合ってあげる

「ねぇ、お母さん、どうして空は青いの？」
「ねぇ、パパ。お星さまはどうして地面に落ちてこないの？」
「あのさ、お母さんとお父さんって、どうして結婚したの？」

言葉を覚えた子どもは、次から次へと質問をしてきて、親を困らせます。子どもの質問にうんざりする親がいるかもしれませんが、その時期はそんなに長く続きませんので、とにかく我慢してきちんと答えてあげるようにしましょう。

米国ハーバード大学のシェルビー・クラークによりますと、2歳から5歳までの子どもは、1時間あたり107個もの質問を親にぶつけてくるそうですが、小学校に入学すると質問してくることは激減するそうです。

つまり、子どもからの質問攻めは、せいぜい小学校に入学するまでです。

それ以降は質問攻めから解放されるわけですから、それまでは子どもの質問に付き合ってあげてください。「まぁ、今のうちだけだから」と割り切って考えれば、そんなにうんざりすることもないと思います。

しかも、子どもの質問にしっかり答えてあげるようにすると、子どもも大きなメリットを享受することができます。

『子どもは4万回質問する』（イアン・レズリー著、須川綾子訳、光文社）という本があるのですが、たくさん質問する子どもは、知的好奇心が豊かになり、学業においても、ビジネスにおいても成功しやすくなるそうです。

また好奇心は生きる活力も生み出しますので、健康的で、幸福な人生を歩めることにもつながります。

きちんと子どもの質問に向き合ってあげることは、子どもの好奇心を育む、とてもよいことなのです。もし子どもの質問に答えられなかったとしても、「うるさい！」などと叱ったりせず、「う〜ん、ママもわからないから一緒にパソコンで調べてみようか」という態度をとりましょう。一緒に図書館や博物館に出向くのもよいでしょう。

子どもの知性は、質問してくる子どもに、親がどのような反応をとるのかで決まります。

せっかく子どもが質問してきているのに、「さあ?」とか「よくわかんない」などと素っ気ない態度をとっていたら、子どもも質問をする気がなくなり、好奇心を持つことができなくなります。

子どもは、天体や昆虫や植物や鳥など、あらゆることに興味を示し、「お母さん、あれなぁに?」と質問してくるものですが、できればスマホでささっと検索し、「あれはね、◯◯という名前の鳥で、川のそばなんかでよく見られるんだって」と正しい知識を教えてあげましょう。

親が何でも調べる姿勢を示すと、子どもも自分で知らないことを学ぼうという気持ちになり、どんどん知性を伸ばしてくれるはずです。

ポイント

子どもの質問にはできるだけ付き合ってあげる
そのほうが子どもの知性はどんどん伸びる

読み聞かせだけではなく、質問も加えてみる

子どもに絵本を読み聞かせるときには、ただ絵本の文字を読み上げるのではなく、時折、休止を挟みながら、質問も加えるようにしてみてください。

「どうしておばあちゃんは悲しい気持ちになったの？」
「うさぎはどうしてお昼寝をしたの？」
「たくさんの車があるけど、トラックを指さしてみて」

このような質問を加えると、なお子どもの知育に役立ちます。

米国ニューヨーク州立大学のG・ホワイトハーストは、2歳児から3歳児の29人を2つのグループに分けて、親にお願いして4週間の絵本の読み聞かせをしてもらいました。ただし、1つのグループの親は、絵本の途中でいろいろと質問を加えることになっていまし

た。比較のためのもう1つの親のグループは、普通の読み聞かせです。

4週間後に、子どもの言語表現能力をテストしてみると、親が読み聞かせに質問をプラスした子どものほうが、能力がアップすることがわかりました。

本の読み聞かせは、やらないよりはやったほうが確実に子どものためになります。

けれども、**普通に絵本を読み聞かせをするのなら、せっかくのチャンスですので、自分なりの質問を加えてみてください。子どもの言語能力がアップします。**

質問をするようにすると、子どもと対話もできます。

絵本の内容からは少々脱線することになってしまいますが、それでよいのです。親との対話を通して、子どもはさらに言語能力を鍛えることができるのです。

アドリブで質問を考えるのが苦手なのであれば、子どもに読み聞かせをする前に、絵本を読みながら、自分なりの質問を考えておきましょう。事前に質問の内容を考えておけば、スムーズに質問することができます。

会議でもそうです。議題が決まっているのなら、あらかじめ「このような質問をしてみよう」と決めておくからこそ、上手な質問ができるのであって、会議の場でいきなり質問をしようと思っても、なかなかうまく質問できません。

スピーチでもそうですが、たかが2、3分なのだからその場で適当にやればいいや、と思っていると、うまいスピーチなどできません。

絵本についての質問も同じで、あらかじめきちんと質問を決めておかないと、おかしな質問ばかりして子どもに笑われてしまいます。

絵本を読み聞かせるというのは、子どもとの触れ合いの時間をとるということですから、親子の愛情も深まりますし、ついでに子どもの知育にも役立つというとても素晴らしいことですので、ぜひやってみてください。

ポイント

絵本を読み聞かせするときは質問も加えてみる
そうすると子どもの言語化力が身につく

愛情を注ぎすぎるのもよくない

親として子どもに愛情を注ぐのは当たり前ではあるものの、「注ぎすぎ」はよくありません。あまりにも甘やかすと、子どもは、自分を王様か何かだと勘違いしてしまうかもしれないからです。

オランダにあるアムステルダム大学のエディ・ブラメルマンは、415人の母親と290人の父親とその子どもたちについて調べました。何を調べたのかというと、子どものナルシストの度合いです。一般にナルシシズムの個人差が表れはじめるといわれる7歳から12歳の子どもを半年おきに4回調査することで、子どもがナルシストになっていく過程を追跡してみたのです。

すると、子どもがナルシストになるのは、精神分析学でいうような「親の愛情不足」ではなく、むしろ親が子どもを過大評価するためであることがわかりました。親が甘やかすので子どもは「私は世界で一番」と思い込んでしまうのです。

子どもがナルシストになってしまうのだとしたら、それは親の責任です。

というわけで、子どもに愛情を注ぎすぎないようなバランスをとることも大切です。嫌われる人間についてのアンケートなどを見ると、たいていの場合、「ナルシスト」が上位に挙げられることが少なくありません。ナルシストは本当に嫌われるのです。自分の子どもが嫌われることにならないよう、親としても気をつけてあげるべきでしょう。「子どもの面倒をしっかり見てあげないと、親として失格」などと思っているのだとしたら、それは間違いであると指摘しておきましょう。

昔の親は、仕事が忙しくて子どもの面倒など、そんなに見ていられませんでした。つまり、放ったらかしです。そうやって育った子どもは、みながみな、心が歪《ゆが》んでしまったのかというと、そんなこともありません。子どもはそんなに弱い存在ではありません。少しくらい放っておいても、子どもは勝手に大きくなっていきます。

最近の親は、とにかく子どもに愛情を注ぎすぎです。子どもの数が減り、一人っ子が増えたせいもあるのでしょう。一人の子どもにすべての愛情を注ぐ結果として、甘やかされる子どもが増えたのです。

兄弟姉妹がいれば、親の愛情はそれなりに分散されることになりますが、一人っ子の場合には、その子どもに愛情が集中的に注がれるので、どうしても子どもは自分が偉い存在であるかのように思い込みやすいのです。

将来、子どもが大人になったときにナルシストにならないよう、親としては愛情を注ぎすぎることなく、多少は子どもの自主性も認めて、少し放っておいてあげるということも非常に大切なことなのではないかと思います。

ポイント

子どもがナルシストになるのは親の責任
子どもの自主性も認めてあげることが大事

テレビをよく見る子ほど、頭がいい!?

自分の子どもに、あまりテレビを見せないという親がいます。子どもにテレビを見せていると、頭が悪くなってしまうと思い込んでいるせいかもしれません。

けれども、テレビを「親の敵《かたき》」のように見なすのはいかがなものでしょうか。テレビにだって、よいところはたくさんあるはずです。最初から「テレビはすべて悪」と思い込んではいけません。

米国シカゴ大学のマシュー・ゲンツコウは、大方の予想に反して、幼少期にテレビをよく見る子どもは、成績が「悪くなる」どころか、むしろ「よくなる」という報告を行っています。調べてみると、テレビをよく見る子どものほうが、読解力や一般知識の得点が高くなるのです。

テレビ番組の中には、教養や知性を高めてくれる番組もあります。

自然や動物のドキュメンタリーや、海外の文化や歴史を取り上げた番組など、相当に高度な内容を、非常にわかりやすく解説してくれる番組もあります。

そういう**番組を選んで子どもに見せるようにすれば、子どもの教養は非常に高まる**と思います。

すべてのテレビ番組が悪い、というわけでもないのです。素晴らしい番組もたくさんあるのだということを忘れてはなりません。

テレビは映像や模式図《もしきず》などを加えて説明をしてくれますので、本を読んで理解するよりも、イメージとしてわかりやすいという利点もあります。文字ではよくわからなくても、映像なら一瞬で理解できることも少なくないのです。

「太陽における爆発現象はフレアと呼ばれる」と文字で説明されても子どもにはピンときませんが、映像や図式化されたイメージで、「これがフレアです」と見せてもらえれば、小さな子どもでもよくわかります。

親というものは、新しいメディアには、本能的な嫌悪を示すものです。

かつては「ラジオを聴いている子どもはダメ」といわれましたし、今では「テレビを見ている子どもはダメ」といわれています。

最近では「ＹｏｕＴｕｂｅを見ている子どももダメ」といわれるようになりました。

もちろん、テレビやＹｏｕＴｕｂｅの番組や動画の中には、暴力的なシーンがあるものもありますし、そういうものが子どもに悪影響を与えることもあるかもしれませんが、それは番組の選択を間違えているだけで、テレビ、あるいはＹｏｕＴｕｂｅ自体が悪いのではありません。この点を間違えないようにしたいものです。

ポイント

動画やテレビを見ることは悪いことではない
正しい番組の選択で、教養を高めてくれることもある

成績の悪い学生の祖母は、なぜか試験のときに亡くなる

何とも物騒な見出しだと思われるかもしれませんが、おばあちゃんが本当に亡くなる、ということではありません。成績の悪い学生は、試験前になると「祖母が亡くなりました」とおばあちゃんが亡くなったというウソをつくことで、担当の先生の同情を買ったり、あるいは試験を先送りしてもらったりして追試で何とかしようと思うのです。

亡くなったことにされるおばあちゃんはたまったものではないでしょうが、ウソをつくときには、なぜか親や兄弟ではなく、おばあちゃんが選ばれます。「おばあちゃんなら、年齢的にも亡くなるのは自然だ」と思うのかもしれません。

もちろん、そういうウソをつくのはあまり成績のよくない学生だけです。成績のよい学生はウソをつく必要もありません。

米国イースタン・コネチカット州立大学のマイク・アダムズは、中間試験と最終試験のときに、どれくらい家族が亡くなったという報告をするのかを調べてみました。すると、

成績の悪い学生ほど、家族が亡くなっていることがわかりました。成績と家族が亡くなった報告には面白いぐらいの相関関係がみられました。

現在の成績がふるわず、「いかん、このままでは単位を落としてしまうかも？」というリスクが高い人ほど、「すみません、家族の不幸がありまして」という報告をしがちです。

しかも、アダムズによると、なぜか亡くなったことにされる家族は、かなりの高確率でおばあちゃんです。そのため、アダムズは、この現象を「デッド・グランドマザー・イグザム・シンドローム」と名づけています。

みなさんの会社には、大事な仕事の前や社長と面談のときなど、しょっちゅう親族のだれかが亡くなって、そのたびにお休みする人はいないでしょうか。

「あれっ、この前もおばあちゃんが亡くなったよね？」と思うようなケースもあるでしょうが、ひょっとするとその社員はずる休みしているのかもしれません。

ポイント

成績の悪い学生ほど家族が亡くったとウソをつく
困難な問題の前だと人間は逃げたいと考えてしまう

父親は子どもがあまり話してくれなくても気にしない

ごく一般論としていいますと、子どもは母親にはなつきますが、父親にはそれほどなつきません。もしみなさんが男性（父親）なら、ちょっと寂しいと感じるかもしれませんが、それはしかたがないことだと思って、割り切りましょう。

米国ロチェスター大学のジュディス・スメタナは、中学3年生154人と高校3年生122人に、学校生活のことや、プライベートな友人との付き合いを親に話すかどうかを聞いてみました。

すると、父親よりも母親に対してのほうが、学校のことも交友関係のこともよく話すという結果が得られました。

子どもは、母親に対しては親しみを感じるというか、家族のつながりのようなものを感じてくれるのに、お父さんにはそういう思いを抱かない傾向があります。

子どもに向かって、「最近、学校、どう？」などと話しかけたとき、「ふつう」などと素っ気ない返答しかしてくれなくても、もともと子どもは思春期を迎える頃には父親から自然と離れていくものなのです。

「小さな頃にはまとわりついてきたくせに、最近は全然話してくれない」と思うかもしれませんが、それは子どもが成長した証です。成長したからこそ、自立心が芽生え、父親から離れるのです。子どもが成長したことを素直に喜びましょう。

私は心理学者ですので、子どもともうまく付き合っているような印象を持たれる人がいるかもしれませんが、とんでもない話です。ごく普通のお父さんたちと同じく、2人いる息子は、まったく私と会話をしてくれません。「子どもも成長したのだな」と思うことで、何とか寂しさからは逃れることができるようになりましたが。

ただし、昔の自分を振り返ってみると、私も息子たちと同じように、あまり父親とは会話もしませんでした。何か相談することがあるときには、もっぱら母親に話を持ちかけ、父親には相談しませんでした。

私も父親にはあまり話しかけませんでしたから、立場が変わって、息子たちが父親の私に話しかけてくれないのも、因果応報というか、そういうものなのでしょう。

子どもが自分に何でも話してくれないからといって、気にする必要はありません。どこの家庭だって、おそらくは似たり寄ったりで、子どもは父親にはそんなに親しい気持ちを持たないのが普通なのです。
ただ、最近ではお父さんたちも育児や家事にも積極的に参加するようになり、子どもとの会話が増えてきているので、お父さんへの感情も時代とともに変わってくるのかもしれません。

ポイント

子どもは母親に比べて、父親にはあまりなつかない
父親はあまり悩まないようにする

生まれた赤ちゃんをしばらくお母さんに抱いてもらう

生まれた赤ちゃんは、すぐに産湯《うぶゆ》につけられます。出産したばかりの赤ちゃんは血液や羊水まみれで汚れているからです。

けれども、すぐに産湯につけないほうが母子ともに好ましい影響があるという報告があります。**生まれた赤ちゃんはお母さんに抱かれていたほうが安心できますし、お母さんも自分の赤ちゃんを抱きしめていると心が落ち着くのです。**

米国ボストン大学のジェネヴィーヴ・プリアーは、702人の新生児を、出産後にすぐに産湯につけるのではなく、少なくても12時間は母親に抱かせておきました。するとお母さんの母乳の出がよくなり、粉ミルクなどを必要とせず、母乳だけで子どもを育てる割合は、32・7%から40・2%に増えました。

米国デトロイト・メディカル・センターのアミット・シャーマも同じ結果を得ています。シャーマは、100人の新生児は従来と同じく産湯につけましたが、100人の新生児は母親にしばらく抱いていてもらいました。

それから6週間後に、粉ミルクを使わず母乳だけで子どもを育てているかどうかを調べたところ、産湯を使ったグループでは57・6%、母親がしばらく抱いていたグループでは72・0%になりました。

また、母親に会陰切開《えいんせっかい》や修復の痛みを聞いてみたところ、産湯を使うグループよりも、しばらく自分の赤ちゃんを抱いていたグループのほうが、痛みの報告が少なくなることも明らかにされました。

私たちは、「何となく昔からそうしているから」という理由で、あまり考えもせずに赤ちゃんを産湯につけてしまうのですが、この習慣はひょっとすると改めたほうがよいのかもしれません。


生まれてすぐにお母さんから引き離され、産湯につけられる赤ちゃんの気持ちになってみてください。相当にパニックになると思いませんか。「赤ちゃんは泣くのが仕事」とはいえ、ムリに泣かせる必要はどこにもありません。

赤ちゃんは、なじみのあるお母さんに抱きしめていてもらったほうが、リラックスできます。お母さんはお母さんで、我が子を抱きしめていれば母乳の出もよくなり、出産時の痛みもそれほど感じずにすみます。お互いにウィン・ウィンです。
最近では、新生児をすぐに産湯につけるのはNGという認識も少しずつ広まっているようで、産湯につけない病院やクリニックも増えているそうです。ですので、もし妊娠したときには、産湯を使うかどうかも先生に聞いてみるとよいでしょう。

ポイント

生まれたばかりの赤ちゃんは母親に抱いてもらったほうがよい
お母さんにとっても赤ちゃんにとってもよいことがある

赤ちゃんには何でも食べさせる

赤ちゃんが少し大きくなってくると、離乳食が始まります。それから大人と同じように食事ができるようになるわけですが、このとき特に気をつけたいのが、野菜でも果物でも、とにかくいろいろな食材を食べさせること。

いろいろな食材になれてくれれば、食べ物の好き嫌いもなくなります。

米国ワシントン大学のチェルシー・ローズは、911人の生後9か月の赤ちゃんを、6歳になるまで追跡調査してみました。

すると、**お母さんが生後9か月の時点で、さまざまな食材を食べさせた子どもは、6歳になっても好き嫌いを言わず、いろいろな野菜を食べることが判明**しました。

「鉄は熱いうちに打て」という言葉もありますが、赤ちゃんにはいろいろな食材を食べさせるようにしましょう。

私が子どもの頃には、学校の給食はすべて食べなければなりませんでした。嫌いなものを食べられない子どもは、お昼休みに校庭で遊ぶこともできず、泣きながら口に入れている子どももいました。

最近では、学校の給食をムリに食べさせることはなくなったようですが、本当は小さな頃には、いろいろな食べ物を口にしたほうがよいのです。

好き嫌いがある人は、大人になってから苦労をします。

好き嫌いがあると、他の人から「子どもっぽいな」と思われてしまいますし、印象もよくありません。

その点、好き嫌いなど言わず、何でも豪快に食べるような人は、よい印象を与えます。

これは男性でも女性でも同じです。

アレルギーがあって、どうしても食べられないというのなら話は別ですが、そうでないのなら基本的には何でも食べるようにしましょう。そのほうが、いろいろな人と食事ができるようになりますし、一緒に食事をすることでお互いにより親密な関係を築き上げることができるからです。

私にも少しは好き嫌いがありますが、食事に誘われたときには「人脈を広げるため」と割り切って、嫌いなものであろうが何であろうが、おいしそうな顔で食べるようにしています。ビジネスでの食事は、プライベートな食事とは違って、好き嫌いなどいっていられません。相手が注文したものは、「〇〇が苦手なんです」と断ったりせず、人生で一度も食べたことがないものでも、チャレンジしなければならないのです。

子どもの将来を考えたら、どんなものでも食べられたほうがいいに決まっているので、子どもが小さいうちから、いろいろな食材を食べさせるようにしましょう。

子どもの食事を作るときには、ついでに自分の好き嫌いを改めるチャンスだと考えて、自分があまり好きではないものも一緒に食べてみるとよいでしょう。

ポイント

赤ちゃんは離乳食のうちになるべく何でも食べさせてみる
そうすると、大人になってからの好き嫌いがなくなる

子どもの命名を間違えると、子どもの人生を狂わせる

子どもが生まれたときには、きちんと子どもの将来を考えて名前をつけてあげなければなりません。おかしな名前をつけると、子どもの人生が台無しになってしまうという驚きの研究もあるからです。

米国フロリダ大学のデビッド・フィグリオは、フロリダ学区で大規模な調査を行い、女の子のような名前（「スー」など）をつけられた男の子は、クラスメートから名前をからかわれるイジメを受けやすく、問題行動も起こしやすくなるという結果を得ています。

おかしな名前をつけると、子どもがイジメを受けやすくなってしまいます。

親としては、そういう事態になることは避けたいでしょう。ですから、子どもの命名にあたっては、よくよく慎重にならなければなりません。

小さな子どもというものは、何となく天使のようなイメージがありますが、そんなこともありません。大人のような自制心がありませんので、からかうことができる相手を見つ

けると、ここぞとばかりにからかってくるものです。小さな子どもは、悪魔のようなことも平気でしてしまうのです。からかわれる人がどれだけ傷つくのか、ということにも思いが及ばないのです。

というわけで、親としては自分の子どもがからかわれることのないよう、男の子には女の子のような名前をつけないほうがよいのです。

子どもが名前をからかわれてイジメを受けたり、心が歪んで非行に走ったりするのを避けたいのであれば、男の子には男の子っぽい名前、女の子には女の子っぽい名前をつけてあげるのが無難なのではないでしょうか。

「たかが名前ひとつ」と思ってはいけません。

子どもの人生は、名前で大きく変わってくるものだからです。

最近の親は、いわゆる〝キラキラネーム〟を子どもにつけてしまうこともあります。音がかわいらしいということで、「月」と書いて「るな」と読ませたり、「愛」と書いて「ラブ」と読ませたりするのです。こういうキラキラネームについては、子どもの将来を考えると心理学的には疑問符がつきます。

女の子の場合には、「〇〇子」と、「子」をつけたほうがよいという研究もあります。金原克範さんの『〝子〟がつく名前の女の子は頭がいい』（洋泉社）という本もあります。自分の娘に「子」をつける親は、保守的で、伝統的で、教育熱心な人が多いからでしょう。

もし子どもが自分の名前を恥ずかしいと思ったり、イジメを受けたりするようなら、改名も考えましょう。

改名をする際には、変更する理由がなければなりませんが、そんなに面倒な手続きがあるわけではありません。それに15歳以上であれば自分でも変更できることになっています。「せっかく親がつけてくれた名前なのだから」と躊躇《ちゅうちょ》するかもしれませんが、それによって不利益をこうむるのであれば、人生が台無しになる前に改名させてもらうことも検討してみましょう。

ポイント

子どもの人生は名前一つで変わってしまうことがある
大人で名前にコンプレックスがある人は改名を検討する

ＤＶの被害女性が、離婚しない理由

夫から、殴ったり、蹴られたりする女性がいます。そうした暴力行為はドメスティック・バイオレンス（略してＤＶ）と呼ばれています。

ごく普通に考えると、顔を殴られて気分のいい人などはいないはずですから、こういう暴力傾向のある夫の元からは、さっさと奥さんは逃げ出そうとしてもおかしくないのに、なぜか逃げずにとどまることが少なくありません。

どうしてＤＶの被害を受けている女性は逃げないのでしょうか。

米国ハーバード・メディカル・スクールのロバート・アプスラーがＤＶの被害女性95人を調べたところ、驚くべきことに46％の女性は暴力的な夫を恐れていないばかりか、「そのうち暴力的でなくなる」と考えていることがわかりました。

私たちの性格というものは、何年も何十年もかけて形成されていくものですから、そんなに一朝一夕に変わることはありません。暴力的な男性は、これからもずっと暴力的なままでしょう。

にもかかわらず、DVの被害女性はそう考えないのです。

「夫は、もうお酒は飲まないといってくれた」

「夫は、二度と手をあげないと約束してくれた」

そうした言葉を真に受けて、その場から逃げ出そうとか、離婚をしようという気持ちにはならないのです。私は、絶対に断言してもよいですが、そんな言葉は信用できません。そのうち酔っぱらいますし、必ず暴力を振るってきます。

DVを何年も受け続けているのに、それでも離婚しない女性は、いってみれば一種の「洗脳状態」にあるわけです。そういう人には、たとえば親しいお友だちなどから「もう離婚したら?」と強く勧められても、「そのうち夫はきっと変わってくれる」と拒否します。こうなるともうお手上げです。

ではどうすればいいのかというと、強制的に距離を置くようにするしかありません。警察に保護してもらうとか、被害者のためのシェルターなどに強引に連れていくのです。いったん距離をとるようにしないと、冷静な判断ができるようにはなりません。

私たちは、自分に都合のいいように物事を解釈します。

暴力的な男性は、今後もずっと暴力的だとは思わず、「きっと変わってくれる」と信じ込んでしまうのです。本人がそう信じたいのです。

ほんの少しでも、「あれっ、この人おかしい」と思ったら、まだ冷静な判断ができるうちにさっさと逃げ出すことをオススメします。時間が経てばたつほど、理性が失われて正しく物事を評価できなくなってしまいます。その前に逃げてください。

ポイント

私たちは自分の都合のいいように物事を解釈する
DVをされたら、とにかく物理的な距離を置く

離婚しやすくなると、女性の立場は強くなる

法律が変わり、離婚をするのが簡単になると女性は有利になります。なぜかというと、いつでも離婚できることをチラつかせれば、男性はそんなにひどいこともできなくなるからです。

離婚をするのにものすごく面倒な手続きがあったり、厳しい条件があったりすると、女性は男性のいいなりにならざるを得ません。離婚される恐れがないと、男性は調子に乗って強気な態度をとります。

米国ペンシルバニア大学ウォートン校のベッツィ・スティーブンソンは、州の法律が変わって、離婚するのが容易になると、女性の立場は強くなるのではないかと考えました。「いつでも離婚してやる」といわれれば、男性もそんなに強く出られません。離婚されないために、奥さんの顔色をうかがう必要があるのです。

スティーブンソンによると、州の法律が変わると、家庭内暴力（DV）は法律改正前よ

りも3分の1に減少し、夫に殺害される女性は10％減少しました。

さらに、女性の自殺も減りました。明らかに、**離婚しやすくなることは女性に有利に働くようです。**

どんなにひどい夫でも、離婚しにくいのであれば女性は苦しさを我慢するしかありませんが、離婚できるという選択肢があれば、離婚をチラつかせて夫と交渉もできます。女性にとっては離婚しやすい状況というのは、万々歳なのです。会社も同じです。

転職市場がとても厳しく、会社を辞めても、すぐに次の会社が見つからないような場合には、人々はいくら会社に不満があっても、我慢して従うしかありません。

仕事が死ぬほどイヤでたまらなくても、職を失うよりはマシではないかと自分にいい聞かせるのです。結婚生活がイヤでも、なかなか別れることができない女性と同じ状況になります。

したがって経営者の目線からいうと、景気が悪くて仕事がなかなか見つかりにくいという状況は、不満があっても社員は辞めずに働きつづけてくれるのでまことに都合がいいのです。

けれども、社員が簡単に辞めないからといって、ひどい扱いするのはよくありません。

景気がよくなり、いくらでも転職できる状況になると、社員はこれ幸いとばかりにごっそりと辞めてしまうでしょう。

昔の法律では簡単に離婚できなかったものが、今では簡単にできるようになりました。これは女性にとっての福音《ふくいん》です。

また、かつては入社した会社には定年まで勤めるのが当たり前でしたが、今では一度も転職しない人のほうが珍しいくらいです。

こうした社会の変化は、まことに好ましい成果を上げているといえるでしょう。

ポイント

離婚がしやすくなると女性の立場が強くなる
転職がしやすくなると社員の立場が強くなる

第6章

思い込みをなくすライフハック

どんな逆境からでも、人は立ち直れる

交通事故に巻き込まれて、身体に大きなケガを負ってしまったとしましょう。不幸な出来事が起きてしまったわけですが、そういう人は一生、不幸で、惨めな人生を歩むことになってしまうのでしょうか。

いいえ、そういうことにはなりません。

人は、どんなに悲惨な状況からでも、立ち直れる力を持っているからです。

米国ミシガン大学のピーター・ユーベルは、さまざまな事故で半身不随になってしまった人を調査し、事故直後には大きく気持ちが落ち込むものの、1か月後にはもうだいぶ落ち着いて以前と同じような状態になれるということを確認しています。

さすがに事故直後には、「私の人生は終わった」と絶望を味わうかもしれませんが、そのうち「いつまでもクヨクヨしていても仕方ないよな、ようし立ち上がるぞ」という気持ちになれるのです。似たような報告は、英国ウォーリック大学のアンドリュー・オズワル

ドからもなされています。

オズワルドも交通事故などで手足を失ったり、身体の機能を奪われたりした人の人生満足度を追跡してみましたが、障害者になったばかりのときには人生満足度は下がるものの、2年後には障害者になる前の水準まで戻ることがわかりました。

事故直後には、相当な落ち込みもあるでしょうが、そこで人生を悲観し、自殺などをしてはいけません。絶対にそんなことをしてはいけません。なぜなら、**私たちは少し時間がかかるかもしれませんが、自分で立ち直るだけの力を持っている**のです。

2024年、パリで開催されたパラリンピックのテレビ中継を見た人ならわかると思いますが、たとえ障害があっても、アスリートとしての目標を持ち、それに向かって努力をしている選手たちは、みないい笑顔を見せてくれます。

かりに不幸なことが起きたとしても、絶望はしないでください。どこかに必ず希望があるのだと信じてください。それまでの自分の人生とは、違う道を歩まざるを得なくなるかもしれませんが、違う道を進むのもそれはそれで幸せを感じることができるはずです。

交通事故に遭うほどの不幸ではなくても、受験に失敗したり、結婚に失敗したり、会社をクビになったり、不幸な出来事はいくらでも起きます。

そんなときにも希望を失わず、「よし、違う道を行ってみるか」と自分に言い聞かせてください。

「人の行く裏に道あり花の山」という言葉があります。他の人が行く道とは違った道を進んでいくと、思わぬところに美しい花を見つけることもできるかもしれません。不幸はいつでも幸福に変わるのです。

ポイント

人はどんな状況からも立ち直れる力を持っている
考え方次第で人生は変えられる

トラウマは本人の思い込みが大きく影響している

トラウマ（精神的外傷）がトラウマになるのは、辛い経験そのものではありません。本人の思い込みのほうが強く影響するのです。

小さな頃に犬に噛みつかれて、犬が怖くなってしまった人がいるとしましょう。

しかし、犬に噛みつかれたということは事実でも、それがトラウマになるかどうかは本人の考え方によります。

米国ニューヨーク州立大学のピーター・ディナルドは、犬恐怖の14人と、怖くない21人の比較をしたのですが、小さな頃に犬に追いかけ回されたり、噛みつかれたりした実体験には、まったく差がありませんでした。

そういう経験の有無は、犬恐怖が起きるかどうかに関係がなかったのです。犬恐怖の人の56％、怖くない人の66％に犬に噛みつかれた思い出がありました。むしろ怖くない人のほうが、犬に噛みつかれたエピソードが多いほどです。

けれども、本人の思い込みには差がありました。犬恐怖の人は、「また犬に噛みつかれるのではないか」という見込みを過剰に評価していました。「また噛みつかれる」という本人の思い込みが、恐怖を維持する原因だったのです。

辛い出来事など、だれにでも起きるのです。

それが**トラウマ化するかどうかは、本人の思い込みによって決まります。**過剰に怯《おび》えたり、不安に思ったりしなければ、トラウマにもなりません。何度もくり返し、イヤなことを思い出さなければよいのです。

小さな頃に親に殴られたとしても、トラウマになることもあれば、ならないこともあります。たいていの昔の家庭はそうだったと思うのですが、私も小さな頃には父親にも母親にもしょっちゅう叩かれました。

私が悪ガキでしたので、両親をこれっぽっちも恨んだりはしていませんが、虐待だと感じる人は、トラウマ化するのかもしれません。

どんなに辛い失恋をしようが、学校でイジメを受けようが、両親が離婚しようが、交通事故に巻き込まれようが、それが絶対にトラウマ化するのかというと、そういうわけでもないのです。

「なんだ、こんなもの」と軽く受け止め、あまり深刻に考えないようにすれば、どんな体験をしようがトラウマにもなりませんので、物事を重大に考えないようにすることが大切です。

ただ、どうして辛い場合は、専門家に相談してください。

ポイント

トラウマは本人の思い込みが大きく影響
物事を重大に考えないことが大切

辛いときには、何でも大変そうに見える

精神的にも、身体的にも疲れているときには、私たちは目の前の問題をとても大きなものとして認識してしまいます。

爽快な気分のときには、「なんだこんなもの、朝飯前じゃないか」と思える仕事でも、心身が疲れていると、「はぁ、こんなにあるのか……」とため息しか出ないかもしれません。私たちの認識は、客観的なものではなく、精神的なものに左右されるからです。

米国ニューオリンズにあるロヨラ大学のミュクル・バーラは、130人の大学生に、キャンパス内にある2つの坂道の角度を推定してもらいました。

40人（男女20人ずつ）には、重いリュックを背負ってもらいました。不公平にならないように、参加者の体重に応じて、リュックの重さも変えました。体重が45・36kgから54・43kgならリュックの重さは約9・07kg。体重が82・10kgから95・26kgの人には、リュックの重さは15・88kgというように変えました。

■図表⑨　辛い状況だと、坂道の勾配も辛そうに見えてしまう

	5度の坂道	31度の坂道
リュックを背負って推測	24.52度	53.70度
何も背負わずに推測	20.63度	49.83度

（出典：Bhalla, M.ら,1999より）

残りの90人（男女45人ずつ）は、たまたま坂道のそばをジョギングしている学生で、リュックを背負わずに単純に坂道の角度を推測してもらいました。その結果は上の図表⑨のようになりました。

辛いときには、そんなに急な坂でもないのに、ものすごく急に見えてしまいます。「これを上るのは骨だな」と思うのでしょう。**私たちは、精神的に辛いときには、何でも大変そうに見えてしまうみたいなのです。**

普段は、そんなに苦労をせずにホイホイと片づけられる仕事でも、辛いと感じるようなら、心と身体は弱っているのです。そういうサインを私たちの心や身体が発しているわけですから、そういうときには休んだほうがいいのです。

仕事を辛いと認識するのは、心身が強制的にスト

ップサインを出しているのと同じですから、こういうときにこそリフレッシュ休暇や有給休暇をとるべきです。そんなに都合よく休暇がとれないかもしれませんが、とにかく仕事を減らし、残業などせずにさっさと帰宅してよく眠りましょう。

「どうも今日は仕事が乗らないな」と思うときは、自分でも気づかないうちに、心、あるいは身体のどこかが弱っているのです。そういうサインを見逃していると、そのうちうつ病になったり、病気になったりしますので気をつけてください。

ポイント

私たちは辛いときはどんなことも辛く感じる
辛いと感じているときはゆっくり休む

見えているのに見えないこともある

私たちは、ある一部分に焦点を当てると、それ以外のところにはまったく気づかない、ということがよくあります。

米国ミシガン州立大学のジェームズ・ポッチェンは、放射線科医の先生に、定期健診で撮影された胸部レントゲン写真を見せて診断をしてもらいました。

実はこのレントゲン写真には細工があり、鎖骨が完全に消えていたのです。にもかかわらず、鎖骨が消えていることに60％以上の放射線科医は気づきませんでした。ものすごくおかしい写真でも、他のところに目を向けていると、そのおかしさに気づかなくなってしまうのです。

米国ハーバード・メディカル・スクールのトラフトン・ドリューは、ポッチェンよりもさらに驚くような実験をしています。

平均15年以上のベテラン放射線科医24人に、肺のCT画像を診断してもらうのですが、今度は何と画像にゴリラのイラストを挿入してみたのです。肺の画像にゴリラのイラストがあれば、さすがにだれでも気づくだろうと思いましたが、驚くべきことに83%の放射線科医が気づきませんでした。

私たちは、現実に存在しているものでも、見落としてしまうことがあるのです。

これは放射線科医だけでなく、だれにでもよくあります。

ビジネスで契約を結ぶとき、契約書を隅から隅まで精査したにもかかわらず、重要な付帯条件に気づかないこともあります。後で相手に指摘されて初めて、「えっ、そんなものなかったでしょ?」とうろたえてしまうことも少なくありません。

仕事に慣れてくれば慣れてくるほど、ある特定のポイントだけにしか目を向けず、その他のところはいいかげんになってしまうものです。

ドリューの実験では、平均15年以上のベテランが、CT画像のおかしさに気づきませんでしたが、ベテランになればなるほどそういう現象が起きます。自分がベテランだという意識がある人は、もう少し謙虚な姿勢で仕事をしたほうがよいかもしれません。

本当に大切な仕事では、「ついうっかり」がものすごく大きな問題を引き起こしてしまうこともあるでしょうから、ベテランになったときほど注意が必要です。「うっかりしていた」ではすみませんし、多額の賠償金や違約金を払う必要が出たりします。

契約書や見積書や請求書を見るときには、一部だけを見るのではなく、念のためにすべてをきちんと精査するという気持ちが大切です。

ポイント

私たちは見落としてしまうことがよくある
慣れていることほど慎重にチェックをする

人間はおかしな思い込みで悩む

現実にはまったく違うのに、私たちは自分勝手な思い込みでクヨクヨと思い悩むことが少なくありません。

まず男性です。多くの男性は、自分のペニスが小さすぎるのではないかということで悩んでいます。そのためでしょうか、雑誌の広告やウェブの広告には、ペニスを大きくするための商品やサプリメントがずらりと並んでいます。

では、実際のところ女性は男性のペニスの大きさをどう思っているのでしょうか。

オーストラリア国立大学のブライアン・マウツは、105人の女性に、5人の男性の裸のイラストを見せて魅力を尋ねてもらいました。ペニスの大きさは、5㎝、6・3㎝、7・6㎝、9・0㎝、10・3㎝、11・6㎝、13㎝です。

すると、女性からの魅力の評価は、7・6㎝までは高くなりましたが、それ以上に大きくとも増加率は落ちて頭打ちになることがわかりました。本当のところ、女性はごくごく普通のサイズのペニスでよかったのです。

こういう事実があることを男性は知っておくべきです。そんなに大きくなくともよいのですから、悩むのをやめましょう。悩んでいる時間がもったいないです。

次に女性です。女性の多くは、自分の胸が小さすぎるのではないか、ということで悩んでいます。シリコンなどで豊胸手術を受ける女性が少なくないことからも、それはわかります。では、男性は本当に大きな胸を好んでいるのでしょうか。

ポーランドにあるブロツワフ大学のアグニエシュカ・ジェラウニェヴィチは、128人の男性に、女性の胸のサイズをいろいろと変えた写真を見せて、魅力を評価してもらいました。胸の大きさはAカップからEカップまでです。

その結果、男性の一番人気はCカップかDカップの女性でした。

下着メーカーのトリンプが平成30年（2018年）に行った調査によると、日本人女性の平均的な胸のサイズはCカップです。つまり、たいていの女性は男性が好む大きさの胸であるわけです。

結局、男性も女性も、おかしな思い込みをして悩んでいるのです。

女性は、あまり大きなペニスなど好みませんし、男性は、そんなに大きな胸を好むわけではないのです。どちらも、ごく普通の、ほどほどの大きさでまったくかまわないのです。

そういう事実があることを知ると、少しは安心できるのではないでしょうか。

このように、**私たちは、思い込みで悩んでいることが多いのです。**

もちろん、他の部位に関しても同じです。

「目が一重だから私は魅力がない」とか、「身長が足りないから異性にモテない」とか、「ぽっちゃり体型だから、相手にされない」とか、いろいろなことで悩んでいる人もいるでしょうが、勝手な思い込みで思い悩むのはやめたほうがいいでしょう。目が一重でも、背が低くても、ぽっちゃり体型でも、自分が思っているほど他の人は気にしていません。

ポイント

私たちは自分の思い込みで悩むことが多い
他人は自分が思っているほど気にしていないことが多い

女性は自分の弱みを、男性は強みをアピールしがち

男性と女性とでは、親しい友人に話す内容がまったく違います。

結論を先にいうと、女性は自分の弱いところ、コンプレックスに感じていることを友人に話すのに対して、男性は自分の長所や得意なことや、自分がいかに優れているのかという事例を話すのです。

米国オハイオ・ウェズレヤン大学のキム・ドルジンは、187人の大学生に自分の親友にどんな話をするのかと尋ねてみました。

すると、女性は親しい友人には、自分のコンプレックスを打ち明けると答えました。「私には背中に大きなあざがある」とか「好きな人に振られた」といったことです。

けれども男性はまったく逆で、親しい友人には、自分を大きく見せるような話をしたがることがわかりました。「高校時代、陸上の大会で準優勝した」とか「クラスで一番の成績だった」といったことです。

女性はどちらかというと〝謙虚すぎる〟と言えますし、**男性はどちらかというと〝己惚《うぬぼ》れすぎ〟**と言えるでしょう。

女性の中には、本当は非常に能力があるのに、職場ではそれをあえて隠そうとする人がたくさんいます。本当は「できる」のに「私にはとてもムリだと思います」といってしまったりするのです。

男性はというと、できないことでも、平気な顔で「ああ、僕ならできますよ、朝飯前です」と大言壮語を吐くことが少なくありません。

男女にはそういう性差があることを知っておくと、それぞれに上手に対応できるようになります。

たとえば、女性の新人には、本人が嫌がっても少しだけ難しい仕事をまかせてみましょう。本人は謙遜して断ろうとするかもしれませんが、「もし失敗してもフォローするから大丈夫」と念を押してあげれば、しぶしぶやってくれるものです。そうやって、少しずつ自信をつけてあげるとよいでしょう。

逆に、男性の新人には、あまり大きなことをいうと、失敗したときに笑いものになってしまうのだから、気をつけたほうがいいということを教えてあげましょう。「自分ならできる」と思っても、「頑張って努力してみます」くらいの言い方をしたほうが周囲の人たちからも好意的に評価してもらえるよ、と伝えるのです。

女性は、だいたい自己評価がものすごく低いことが多く、男性はものすごく高いということを知っておくと、対応を間違えません。女性は口では自信がないようなことをいっておきながら、実際にやらせてみると予想以上に無難にこなせることも多いですし、男性はというと大ぼらを吹いておきながら、まったく期待外れの成果しかあげられないということはよくあります。

ポイント

男性は自己評価が高く、女性は自己評価が低いことが多い
男女の違いを理解しておけば、正しく対応ができるようになる

女性のほうが株に向いている？

新ＮＩＳＡとは、２０１４年に導入されたＮＩＳＡ制度をもとにした新制度のことですが、テレビＣＭでもしょっちゅう見かけますので、初心者でも「私も株式投資をやってみようかな？」という気持ちになるかもしれません。

株式投資に関していうと、大きく儲けて大きく損失を出すのは男性です。したがって、株を始めてみようかなと思ったとしても、自分が男性なら慎重にやるようにしてください。お金を増やすどころか、減らしてしまうことになったら元も子もありません。

米国証券取引委員会のヘバー・ファーンワースは、**5年間分の女性のヘッジファンドマネジャーの運用投資のデータを分析してみたところ、男性に比べると何と3倍もの利益を出していることがわかりました。**

男性はテストステロンが多く分泌されるため、強気な投資をしがちです。

男性は大きく儲けることもあれば、大きな損失をこうむることもあるのです。

その点、女性は慎重ですので、儲けは少ないかもしれませんが、大きな失敗もせずにすむのです。ファーンワースは2008年のリーマンショックによる株の大暴落のときには、女性が失った額は男性よりはるかに少なかったという報告もしています。

男性は、ギャンブルが大好きです。競馬場でも競輪場でも、パチンコ店でも、圧倒的に男性客が多いことからもそれはわかります。女性もいないわけではありませんが、男性に比べると少ないです。

厚生労働省が行った2014年の調査では、ギャンブル障害（依存症）は男性が438万人、女性が98万人です。男性が4倍以上も多いのです。

株式投資はギャンブルではありませんが、ギャンブルに近いものとはいえますので、男性のほうが熱くなりがちですし、強気な勝負もしてしまうでしょう。そのため大きな損失をこうむるリスクも高いといえます。

幸いなことに私は、ギャンブルも株もやりません。自分が熱くなってしまうタイプだという自覚があるので、あえてやらないのです。株をやっている人からは、「内藤先生もやったほうがいいよ」とは勧められるものの、絶対にハマって大損をすることが目に見えているので、やらないようにしています。
テレビＣＭを見ていると、「初心者でも安心」「難しいことは何もナシ」というメッセージがさかんにアピールされていますが、本当に安心なのでしょうか。心理学的にいうと、女性はもともと慎重なので大丈夫かもしれませんが、テストステロンが多く分泌される男性は、絶対に熱くなってしまうので安心でもないと思うのですが、どうでしょうか。

ポイント

女性は男性に比べると慎重なので株に向いている可能性がある
男性は熱くなりやすいので、株をやっている人は注意

定年後はレジャーにお金を使う

「定年を迎えたら、大好きな◯◯をして過ごすぞ」と思っている人は少なくないでしょう。その考えは間違いではありません。大好きな趣味を存分に楽しんでください。

米国ジョージタウン大学のトーマス・デレイアは、50歳以上を対象の「健康定年研究」(ヘルス・リタイアメント研究)において、何にお金を使うのかを調べました。電化製品、アルコール飲料など、自分がお金を使ったものの記録を調べる一方、人生満足度も調べたのです。すると、映画鑑賞、スポーツ観戦など、いわゆる「レジャー」に分類されるところにお金を使っている人ほど、人生満足度がアップすることがわかりました。大好きなところにお金を使うのが、私たちにとっては一番嬉しいことなのでしょう。

好きなことをやっていれば人間は幸せになれます。

したがって、趣味はなるべくたくさんあったほうがいいのです。幸せになれる機会は、多ければ多いに越したことはありません。

身体を動かすのが好きな人がいて、地域のバレーボールクラブに参加している人がいます。この人はバレーボールをしているときに喜びを感じることができるでしょう。けれどもバレーボールひとつだけをしている人よりも、釣りも、ジョギングもやっている人のほうが、もっと人生満足度は高くなります。楽しいことは1つではなく、3つも4つもやったほうがよいのです。


なるべく若いうちから、いくつもの趣味を作っておきましょう。

定年を迎えてからゆっくり探そうというのも悪くありませんが、せっかくなら若いうちにスタートしてください。若い人だって、趣味に没頭していれば幸せになれるのですから、わざわざ定年まで待つ必要はありません。

何にでも興味を持ち、とにかくいろいろと手を出してみてください。

「ダンスなんて、恥ずかしがり屋の私にはムリ」と思っても、ダンス教室に通ってみると意外に面白いと思うかもしれません。やってみないとわからないことは、世の中にたくさんあるのです。

「音感がないので、楽器なんてムリ」と諦めてはいけません。何歳になっても楽器の演奏を学ぶことは可能です。70歳になろうが、80歳になろうが、バイオリンでも、ピアノでも、何でも学んでください。さすがにプロのバイオリニストやピアニストになるのは難しいかもしれませんが、自分が上達していくのを実感できるのは、とても素晴らしい体験です。

高級な食べ物や、高級な自動車、高級な洋服などにお金を使うよりも、趣味にお金をかけましょう。

そのほうが人は幸せになれるのです。

ポイント

高級な自動車や洋服などにお金をかけるのではなく、趣味にお金をかけると幸せになれる

人は都合のよい情報を集めたがる

私たちは、自分にとって都合のよいことしか受け入れません。都合の悪いことは、目にしたくもありませんし、耳にしたくもありません。そういう「選択的接触」を無意識のうちにしてしまうのです。

たとえば、50人にインタビューし、新商品のマーケティング調査を行ったとしましょうか。結果はというと、残念ながらあまりよい評価が得られなかったとします。

しかし、その結果を上司に伝えても、「じゃあ、商品化を見送ろう」ということにはならないでしょう。特に、上司が商品化を熱心に進めているのだとしたら、なおさらです。「もっと人数を増やして、もう一度調査をしてみてくれ」とお願いされるに決まっています。もう一度調査をして、かりに前回と同じように悪い結果が出ると、もう一度とお願いされます。

結局、新商品に対して好ましい評価が得られるまで、何度でも調査させられるのです。

私たちは、自分に都合のよい情報を得たいのです。

悪い情報など知りたくもないのです。それを示す研究をご紹介します。

米国オハイオ州にあるケント州立大学のピーター・ディットは、「将来、膵臓《すいぞう》に関連した病気に発展するリスクのある酵素欠乏症を調べる」というインチキな実験をしてみました。参加者は、リトマス紙に自分のだ液をつけてその変化を確認するのですが、ここでディットは2つの条件を設けたのです。

あるグループには、「色が変わったら、酵素欠乏症」と伝えました。こちらは、色が変わってほしくない条件です。色が変わったら病気のリスクが高いということになります。

残りのグループには、「色が変わらなかったら、酸素欠乏症」と伝えました。こちらは色が変わってほしい条件です。色が変わらなかったら、健康という意味になります。

さて、それぞれにどれくらいだ液をつけ続けたのかを測定してみると、変わってほしくない条件では1分15秒、変わってほしい条件では1分45秒という結果になりました。どちらの条件も、無意識のうちに自分の都合のよいように結果を操作しようとしたのです。

実験や調査は、客観的な結果を得るのに役に立つ道具ではあるものの、**人間には自分の**

都合のよい情報を得たいというバイアス（認知の歪《ゆが》み）があるので、なかなか客観的になれません。

一流の科学者であっても、自分の都合のよいデータを得ようとして捏造《ねつぞう》が行われることがありますので、客観的な判断をしなければならないときには、私たちの心理がいかに歪みやすいのかということに注意しなければなりません。

ポイント

人間は自分に都合のいい情報を集める
大事なことを決めるときにはそのバイアスに注意をする

自分が好きなものは、他の人も好きだと思い込む

私たちは、自分が好きなものは、他の人だって好きに決まっていると勝手に思い込むところがあります。特定のアイドルの熱狂的なファンは、他の人もそのアイドルが好きなはずだと思い込みますし、お寿司が大好きな人は、日本人なら全員お寿司が好きなはずだと思い込んでいます。

オランダにあるフローニンゲン大学のナムキー・コウデンバーグは、オランダ市議会選挙の投票所で、投票して出てきた116人に声をかけ、「もし無投票の人が投票することになったとしたら、あなたの支持政党の獲得票はどうなると思いますか？」と聞いてみました。

その回答を平均すると、「17・17％増えるだろう」という結果になりました。自分が支持する政党なのだから、きっと他の人も支持してくれるはずだ、というのです。

私たちは、自分が好きなものを他の人も好むはずだという勝手な思い込みをしがちだと

いうことを知っておくと、他の人に自分の好きなものを押しつけずにすみます。

お酒が大好きな人は、お酒が嫌いな人なんてこの世にいないと思い込んでおりますから、酒席ではやたらと人にお酒を勧めます。

自分のペースでゆっくり飲みたい人もいるのに、お酒が好きな人は、とにかくハイペースでおかわりするように求めるのです。

困ったことに、そういう強引な人は、自分では善意のことをしていると思い込んでいるケースが多いのです。「きっと遠慮しているに違いない、お酒が嫌いな人なんていないのだから」と信じているので、執拗に飲ませようとするのです。

甘いものが苦手な人に、やたらとお土産の和菓子を食べさせようとする人もいます。自分が甘いものに目がないので、他の人もそうだと思っているのでしょう。

こういう善意は本当に困ります。私は、講演会やセミナーの講師として、日本中のあちこちに呼ばれ、主催者の人と食事をすることもあるのですが、やたらと地元の食べ物を勧められて辟易《へきえき》することがよくあります。

相手が善意なのはよくわかるので腹は立ちませんが、私は食べたいものだけを食べたいのです。とはいえ、私は断るのも悪いと思い、何でもいただくことにしております。

自分が好きなものだからといって、他の人に無理強いしてはいけません。「このミュージシャンの曲を聴いてみて、絶対に気に入るから」とか、「このDVD見てよ、すごくいいドラマなんだ」とか、「この本読んでみて、すごく泣けるから」などと相手に求めるのはどうなのでしょうか。かえって相手を困らせることのほうが多いように思うのですが、どうでしょうか。

自分の好きなものは、自分だけの好みとして、一人で楽しむようにするのがよいでしょう。他の人に強引にオススメしても、困った顔をされるのがオチです。

ポイント

私たちは自分の好きなものは相手も好きだと思い込む
好きなことは自分一人で楽しんだほうがいい

あとがき

心理学という学問は、私たちの暮らしにものすごく役に立ちます。

それは最後までお読みくださった読者のみなさまにもご理解いただけるのではないでしょうか。

「こんなにラクになってよいのかな？」と思うくらい、心理学のハックは役に立つのです。覚えた知識が真理かどうかは、生活するうえで実践に利益があるかないかで決定されるという考え方をプラグマティズム（実用主義）と呼ぶのですけれども、心理学はまさにプラグマティズムを体現したような学問だといえるでしょう。

もちろん心理学にもいろいろな心理学があり、その中には直接的には暮らしに役に立たないものがないわけではありませんが、本書では役に立つものだけを厳選して紹介してきたつもりです。

暮らしに役立つ心理学の知識は、それほど数えきれないほどにありますが、本書では切りのよいところで１００の研究を紹介してきました。

執筆しようと思えば、それこそ２００でも３００でもいくらでも研究をご紹介できるのですが、紙面の関係もあり、しかもあまりに分厚い本になりますと何となく難しそうな印象を与えてしまいそうですので、１００の研究に厳選したわけです。読者のみなさまにお気に召していただければ幸いです。


私は、いろいろの出版社からたくさんの本を執筆させていただいており、「そんなにたくさんのネタがよく集まりますね」と編集者に感心されることも多いのですが、世界中で発表されている心理学の論文は、年間に10万本ともいわれておりますので、ネタを集めるのにそんなに苦労もしていないのです。

むしろ、研究がありすぎて、厳選するほうが大変なくらいです。


さて、本書の執筆にあたっては総合法令出版の酒井巧さんにお世話になりました。

この場を借りてお礼を申し上げます。本当にありがとうございました。自画自賛になってしまいますが、非常に素晴らしい本ができあがったのではないかと思います。

読者のみなさまにもお礼を申し上げます。

最後までお付き合いくださり、心より感謝いたします。だれにとっても人生は苦労の連続ではあるものの、少しでもラクになるために本書がお役に立てれば、著者冥利に尽きます。それではまたどこかでお目にかかりましょう。

内藤誼人

Psychology ,24, S57-S62.

- Ward, A. F., Duke, K., Gneezy, A., & Bos, M. W. 2017 Brain drain:The mere presence of one's own smartphone reduce available cognitive capacity. Journal of the Association for Consumer Research ,2, 140-154.
- Warner, L. J., Lumley, M. A. et al. 2006 Health effects of written emotional disclosure in adolescents with asthma: A randomized, controlled trial. Journal of Pediatric Psychology ,31, 557-568.
- Waterhouse, L., Morris, R., Allen, D., Dunn, M., Fein, D., Feinstein, C., Rapin, I., & Wing, L. 1996 Diagnosis and classification in autism. Journal of Autism and Developmental Disorders ,26, 59-86.
- White, B. A., Horwath, C. C., & Conner, T. S. 2013 Many apples a day keep the blues away. Daily experiences of negative and positive affect and food consumption in young adults. British Journal of Health Psychology ,18. Doi:10.1111/bjhp.12021.
- Whitehurst, G. J., Falco, F. L., Lonigan, C. L., Fischel, J. E., DeBaryshe, B. D., Valdez-Menchaca, M. C., & Caulfield, M. 1988 Accelerating language development through picture book reading. Developmental Psychology ,24, 552-559.
- Zelazniewicz, A. M. & Pawlowski, B. 2011 Female breast size attractiveness for men as a function of sociosexual orientation(restricted vs. unrestricted). Archives of Sexual Behavior ,40, 1129-1135.

breastfeeding in term neonates: A randomized controlled trial. African Health Sciences ,16, 790-797.

- Shirom, A., Toker, S., Alkaly, Y., Jacobson, O., & Balicer, R. 2011 Work-based predictors of mortality: A 20-year follow-up of healthy employees. Health Psychology ,30, 268-275.
- Shiv, B. & Nowlis, S. M. 2004 The effect of distractions while tasting a food sample: The interplay of informational and affective components in subsequent choice. Journal of Consumer Research ,31, 599-608.
- Siegel, J. M. 1990 Stressful life events and use of physician services among the elderly: The moderating role of pet ownership. Journal of Personality and Social Psychology ,58, 1081-1086.
- Sigall, H., & Johnson, M. 2006 The relationship between facial contact with a pillow and mood. Journal of Applied Social Psychology ,36, 505-526.
- Singer ,S. R. 2015 Rest in peace: How the way you sleep can be killing you. Academia.edu ,February,12.
- Singh, N. N., Wahler, R. G., Adkins, A. D., & Myers, R. E. 2003 Soles of the feet: A mindfulness-based self-control intervention for aggression by an individual with mild mental retardation and mental illness. Research in Developmental Disabilities ,24, 158-169.
- Smetana, J. G., Metzger, A., Gettman, D. C., & Campione-Barr, N. 2006 Disclosure and secrecy in adolescent-parent relationships. Child Development ,77,201-217.
- Stathi, S., Crisp, R. J., & Hogg, M. A. 2011 Imagining intergroup contact enables member-to-group generalization. Group Dynamics:Theory, Research, and Practice, 15, 275-284.
- Stel, M. & Vonk, R. 2010 Mimicry in social interaction: Benefits for mimickers, mimickees, and their interaction. British Journal of Psychology ,101, 311-323.
- Stevenson, B. & Wolfers, J. 2006 Bargaining in the shadow of the law: Divorce laws and family distress. The Quarterly Journal of Economics ,February, 267-288.
- Stillman, T. F. & Maner, J. K. 2009 A sharp eye for her SOI: Perception and misperception of female sociosexuality at zero acquaintance. Evolution and Human Behavior ,30, 124-130.
- Ubel, P. A., Loewenstein, G., Schwarz, N., & Smith, D. 2005 Misimagining the unimaginable: The disability paradox and health care decision making. Health

- Morrison, E. R., Morris, P., & Bard, K.A. 2013 The stability of facial attractiveness: Is it what you've got or what you do with it? Journal of Nonverbal Behavior ,37, 59-67.
- Olver, M. E., Stockdale, K. C., & Wormith, J. S. 2011 A meta-analysis of predictors of offender treatment attrition and its relationship to recidivism. Journal of Consulting and Clinical Psychology ,79, 6-21.
- Oswald, A. J. & Powdthavee, N. 2008 Does happiness adapt? A longitudinal study of disability with implications for economists and judges. Journal of Public Economics ,92, 1061-1077.
- Paden-Levy, D. 1985 Relationship of extraversion, neuroticism, alienation, and divorce incidence with pet-ownership. Psychological Reports ,57, 868-870.
- Pennebaker, J. W., & Sanders, D. Y. 1976 American graffiti: Effects of authority and reactance arousal. Personality and Social Psychology Bulletin ,2, 264-267.
- Potchen, E. J. 2006 Measuring observer performance in chest radiology: Some experiences. Journal of the American College of Radiology ,3, 423-432.
- Preer, G., Pisegna, J. M., Cook, J. T., Henri, A. M., & Philipp, B. L. 2013 Delaying the bath and in-hospital breastfeeding rates. Breastfeed Medicine ,8, 485-490.
- Putnam, R. D. 1995 Tuning in, tuning out: The strange disappearance of social capital in America. PS:Political Science & Politics ,28, 664-683.
- Quinn, D. M. & Chaudoir, S. R. 2009 Living with a concealable stigmatized identity: The impact of anticipated stigma, centrality, salience, and cultural stigma on psychological distress and health. Journal of Personality and Social Psychology ,97, 634-651.
- Rose, C., Birch, L., & Savage, J. S. 2017 Dietary patterns in infancy are associated with child and weight outcomes at 6 years. International Journal of Obesity ,41, 783-788.
- Rosete, D. & Ciarrochi, J. 2005 Emotional intelligence and its relationship to workplace performance outcomes of leadership effectiveness. Leadership & Organization Development Journal ,26, 388-399.
- Rubin, R. S., Munz, D. C., & Bommer, W. H. 2005 Leading from within: The effects of emotion recognition and personality on transformational leadership behavior. Academy of Management Journal ,48, 845-858.
- Sharma, A. 2016 Efficacy of early skin-to-skin contact on the rate of exclusive

disorder. The American Journal of Psychiatry ,163, 805-812.

- Larrick, R. P., Timmerman, T. A., Carton, A. M., & Abrevaya, J. 2011 Temper, temperature, and temptation: Heat-related retaliation in baseball. Psychological Science ,22, 423-428.
- Legg, A. M. & Sweeny, K. 2014 Do you want the good news or the bad news first? The nature and consequences of news order preferences. Personality and Social Psychology Bulletin ,40, 279-288.
- Leung, W. T. V., Tam, T. Y. T., Pan, W.C., Wu, C. D., Lung, S. C. C., & Spengler, J. D. 2019 How is environmental greenness related to students' academic performance in English and mathematics? Landscape and Urban Planning, 181, 118-124.
- Lindegaard, M. R., Liebst, L. S., Philpot, R., Levine, M., & Bernasco, W. 2022 Does danger level affect bystander intervention in real-life conflicts? Evidence from CCTV footage. Social Psychological and Personality Science ,13, 795-802.
- Luong, G., Charles, S. T., & Fingerman, K. L. 2011 Better with age: Social relationships across adulthood. Journal of Social Personal Relationships ,28,, 9-23.
- Maas, J., de Ridder, D. T. D., de Vet, E., & de Wit, J. B. F. 2012 Do distant foods decrease intake? The effect of food accessibility on consumption. Psychology & Health ,27, 59-73.
- Mar, R. A. 2011 The neural bases of social cognition and story comprehension. Annual Review of Psychology ,62, 103-134.
- Martens, J. P., Tracy, J. L., & Shariff, A. F. 2012 Status signals: Adaptive benefits of displaying and observing the nonverbal expressions of pride and shame. Cognition and Emotion ,26, 390-406.
- Mas, A. & Moretti, E. 2006 Peers at work. NBER Working Paper ,No.12508.
- Mautz, B. S., Wong, B. B. M., Peters, R. A., & Jennions, M. D. 2013 Penis size interacts with body shape and height to influence male attractiveness. Proceedings of the National Academy of Sciences ,110, 6925-6930.
- Melrose, S. 2015 Seasonal affective disorder: An overview of assessment and treatment approaches. Depression and Research and Treatment. Article ID 178564, 6 pages.
- Meyer, B., Enström, M. K., Harstveit, M., Bowles, D. P., & Beevers, C. G. 2007 Happiness and despair on the catwalk: Need satisfaction, well-being, and personality adjustment among fashion models. The Journal of Positive Psychology ,2, 2-17.

- Haggeer-Johnson, G., Gow, A. J., Burley, V., Greenwood, D., & Cade, J. E. 2016 Sitting time, fidgeting, and all-cause mortality in the UK women's cohort study. American Journal of Preventive Medicine ,50, 154-160.
- Hawkes, K. C., Edelman, H. S., & Dodd, D. K. 1996 Language style and evaluation of a female speaker. Perceptual and Motor Skills ,83, 80-82.
- Holt-Lunstad, J., Uchino, B. N., Smith, T. W., & Hicks, A. 2007 On the importance of relationship quality: The impact of ambivalence in friendships on cardiovascular functioning. Annals of Behavioral Medicine ,33,278-290.
- Huang, K., Yeomans, M., Brooks, A. W., Minson, J., & Gino, F. 2017 It doesn't hurt to ask: Question-asking increases liking. Journal of Personality and Social Psychology ,113, 430-452.
- Hsiang, S. M., Burke, M., & Miguel, E. 2013 Quantifying the influence of climate on human conflict. Science ,341, 1235367-1.
- Knack, S. 1994 Does rain help the republicans? Theory and evidence on turnout and the vote. Public Choice ,79, 187-209.
- Knowlton, S. W. & Berger, C. R. 1997 Message planning, communication failure, and cognitive load: Further explorations of the hierarchy principle. Human Communication Research ,24, 4-30.
- Koehler, D. J., White, R. J., & John, L. K. 2011 Good intentions, optimistic self-predictions, and missed opportunities. Social Psychological and Personality Science ,2, 90-96.
- Koski-Jännes, A., Cunningham, J., & Tolonen, K. 2009 Self-assessment of drinking on the internet-3, 6- and 12-month follow ups. Alcohol & Alcoholism ,44, 301-305.
- Koudenburg, N., Postmes, T., & Gordijn, E. H. 2011 If they were to vote, they would vote for us. Psychological Science ,22, 1506-1510.
- Kruger, J., Epley, N., Parker, J., & Ng, Z. W. 2005 Egocentrism over E-mail: Can we communicate as well as we think? Journal of Personality and Social Psychology ,89, 925-936.
- Küster, D. 2018 Social effects of tears and small pupils are mediated by felt sadness: An evolutionary view. Evolutionary Psychology ,16 doi:10.1177/1474704918761104.
- Lam, R. W., Levitt, A. J., Levitan, R. D., Enns, M. W., Morehouse, R., Michalak, E. E., & Tam, E. M. 2006 The Can-SAD study: A randomized controlled trial of the effectiveness of light therapy and fluoxetine in patients with winter seasonl affective

randomized controlled intervention on depression and mood profile in active young adults. Mayo Clinic Proceedings ,91, 984-998.

- Elfenbein, H. A., Foo, M. D., White, J., Tan, H. H., & Aik, V. C. 2007 Reading your counterpart: The benefit of emotion recognition accuracy for effectiveness in negotiation. Journal of Nonverbal Behavior ,31, 205-223.
- Farnsworth, H. & Taylor, J. 2006 Evidence on the compensation of portfolio managers. Journal of Financial Research ,29, 305-324.
- Felps, W., Mitchell, T. R., & Byington, E. 2006 How, When, and Why bad apples spoil the barrel: Negative group members and dysfunctional groups. Research in Organizational Behavior ,27, 175-222.
- Figlio, D. N. 2007 Boys named Sue: Disruptive children and their peers. Education ,2, 376-394.
- Fischer-Lokou, J., Martin, A., & Guéguen, N. 2011 Mimicry and propagation of prosocial behavior in a natural setting. Psychological Reports ,108, 599-605.
- Gentile, D. A., et al. 2009 The effects of prosocial video games on prosocial behaviors: International evidence from correlational, longitudinal, and experimental studies. Personality and Social Psychology Bulletin ,35, 752-763.
- Gentzkow, M. & Shapiro, J. M. 2008 Preschool television viewing and adolescent test scores: Historical evidence from the Coleman study. The Quarterly Journal of Economics ,123, 279-323.
- Gernsbacher, M. A., Dawson, M., & Goldsmith, H. H. 2005 Three reasons not to believe in an autism epidemic. Current Directions in Psychological Science ,14, 55-58.
- Glaeser, E. L. 1998 Are cities dying? Journal of Economic Perspectives ,12, 139-160.
- Gneezy, U. & Rustichini, A. 2000 Pay enough or don't pay at all. The Quarterly Journal of Economics ,115, 791-810.
- Gross, K. A. & Kinder, D. R. 1998 A collision of principles? Free expression, racial equality and the prohibition of racist speech. British Journal of Political Science ,28, 445-471.
- Guéguen, N., Meineri, S., Pascual, A., & Girandola, F. 2015 The pique then reframe technique: Replication and extension of the pique technique. Communication Research Reports ,32, 143-148.

- Desforges, D. M., Lord, C. G., Ramsey, S. L., Mason, J. A., Vanleeuwen, M. D., West, S. C., & Lepper, M. R. 1991 Effects of structured cooperative contact on changing negative attitudes toward stigmatized social groups. Journal of Personality and Social Psychology ,60, 531-544.
- Dezsö, C. L. & Ross, D. G. 2012 Does female representation in top management improve firm performance? A panel data investigation. Strategic Management Journal ,33, 1072-1089.
- Diener, E., & Seligman, M. E. P. 2002 Very happy people. Psychological Science ,13, 81-84.
- Dijksterhuis, A. & van Knippenberg, A. 2000 Behavioral indecision: Effects of self-focus on automatic behavior. Social Cognition ,18, 55-74.
- Di Nardo, P. A., Guzy, L. T., Jenkins, J. A., Bak, R. M., Tomasi, S. F., & Copland, M. 1988 Etiology and maintenance of dog fears. Behaviour Research and Therapy ,26, 241-244.
- Ditto, P. H. & Lopez, D. F. 1992 Motivated skepticism: Use of differential decision criteria for preferred and nonpreferred conclusions. Journal of Personality and Social Psychology ,63, 568-684.
- Dolgin, K. G. & Minowa, N. 1997 Gender differences in self-presentation: A comparison of the roles of flatteringness and intimacy in self-disclosure to friends. Sex Roles ,36, 371-382.
- Dowell, N. M. & Berman, J. S. 2013 Therapist nonverbal behavior and perceptions of empathy, alliance, and treatment credibility. Journal of Psychotherapy Integration ,2, 158-165.
- Drew, T., Võ, M. L.-H., & Wolfe, J. M. 2013 The invisible gorilla strikes again: Sustained inattentional blindness in expert observers. Psychological Science ,24, 1848-1853.
- Dugosh, K. L. & Paulus, P. B. 2005 Cognitive and social comparison processes in brainstorming. Journal of Experimental Social Psychology ,41, 313-320.
- Dwyer, R., Kushlev, K., & Dunn, E. 2018 Smartphone use undermines of face-to-face social interactions. Journal of Experimental Social Psychology ,78, 233-239.
- Easterlin, R. A. 1995 Will raising the incomes of all increase the happiness of all? Journal of Economic Behavior and Organization ,27, 35-47.
- Edwards, M. K. & Loprinzi, P. D. 2016 Effects of a sedentary behavior-inducing

accumulated daily stair-climbing exercise in previously sedentary young women. Preventive Medicine ,30, 277-281.

- Brinol, P., Gasco, M., Petty, R. E., & Horcajo, J. 2013 Treating thoughts as material objects can increase or decrease their impact on evaluation. Psychological Science ,24, 41-47.
- Brummelman, E., Thomaes, S., Nelemans, S. A., De Castro, B. O., Overbeek, G., & Bushman,B. J. 2015 Origins of narcissism in children. Proceedings of the National Academy of Sciences. Doi/10.1073/pnas.1420870112.
- Callaghan, B., Delgadillo, Q. M., & Kraus, M. W. 2022 The influence of signs of social class on compassionate responses to people in need. Frontiers in Psychology ,13, 936170.
- Cameron, C. D., Harris, L. T., & Payne, B. K. 2016 The emotional cost of humanity:
  Anticipated exhaustion motivated dehumanization of stigmatized targets. Social Psychological and Personality Science ,7, 105-112.
- Clark, S., Harbaugh, A. G., & Seider, S. 2021 Teaching questioning fosters adolescent curiosity: Analyzing impact through multiple-group structural equation modeling. Applied Developmental Science ,15 doi:10.1080/10888691.2019.1591956.
- Cole, S. W., Kemeny, M. E., Taylor, S. E., & Visscher, B. R. 1996 Elevated physical health risk among gay men who conceal their homosexual identity. Health Psychology ,15, 243-251.
- Cruwys, T., Dingle, G. A., Haslam, C., Haslam, S. A., Jetten, J., & Morton, T. A. 2013 Social group memberships protect against future depression, alleviate depression symptoms and prevent depression relapse. Social Science & Medicine ,98, 179-186.
- Csikszentmihalyi, M. 1999 If we are so rich, why aren't we happy? American Psychologist ,54, 821-827.
- Dabbs, J. M. Jr. & Mohammed, S. 1992 Male and female salivary testosterone concentrations before and after sexual activity. Physiology & Behavior ,52, 195-197.
- Denham, S. A. & Holt, R. W. 1993 Preschoolers' likability as cause or consequence of their social behavior. Developmental Psychology ,29, 271-275.
- Deleire, T. & Hall, A. 2010 Does consumption buy happiness? Evidence from the United States. International Review of Economics ,57, 163-176.

参考文献

- Abakoumkin, G. 2011 Forming choice preferences the easy way: Order and familiarity effects in elections. Journal of Applied Social Psychology ,41, 2689-2707.
- Abrams, D., Lalot, F., & Hogg, M. A. 2021 Intergroup and intragroup dimensions of COVID-19: A social identity perspective on social fragmentation and unity. Group Processes & Intergroup Relations ,24, 201-209.
- Adams, M. 1999 The dead grandmother/exam syndrome. Annals of Improbable Research ,5, 1-6.
- Amichai-Hamburger, Y., & Etgar, S. 2016 Intimacy and smartphone multitasking – A new oxymoron? Psychological Reports ,119, 826-838.
- Anik, L., Aknin, L. B., Norton, M. I., Dunn, E. W., & Quoidbach, J. 2013 Prosocial bonuses increase employee satisfaction and team performance. Harvard Business School Working Paper ,13-095. May 7.
- Apsler, R., Cummins, M. R., & Cart, S. 2002 Fear and expectations: Differences among female victims of domestic violence who come to the attention of the police. Violence and Victims ,17, 445-453.
- Beaty, R.E. & Silvia, P. J. 2012 Why do ideas get more creative across time? An executive interpretation of the serial order effect in divergent thinking tasks. Psychology of Aesthetics, Creativity, and the Arts ,6, 309-319.
- Bell, T. & Hartman, K. L. 2018 Stealing thunder: Through social media: The framing of Maria Sharapova's drug suspension. International Journal of Sport Communication ,11, 1-20.
- Berman, M. G., et al. 2012 Interacting with nature improves cognition and affect for individuals with depression. Journal of Affective Disorders ,1440, 300-305.
- Bhalla, M. & Proffitt, D. R. 1999 Visual-motor recalibration in geographical slant perception. Journal of Experimental Psychology: Human Perception and Performance ,25, 1076-1096.
- Birkinshaw, J. & Cohen ,J. 2013 Make time for the work that matters. Harvard Business Review ,91, 115.
- Biss, R. K. & Hasher, L. 2012 Happy as a lark: Morning-type younger and older adults are higher in positive affect. Emotion ,12, 437-441.
- Boreham, C. A. G., Wallace, W. F.M., & Nevill, A. 2000 Training effects of

内藤誼人（ないとう・よしひと）

心理学者、立正大学客員教授、有限会社アンギルド代表取締役社長。

慶應義塾大学社会学研究科博士課程修了。社会心理学の知見をベースに、ビジネスを中心とした実践的分野への応用に力を注ぐ心理学系アクティビスト。趣味は釣りとガーデニング。

著書に、『世界最先端の研究が教える新事実 心理学BEST100』『世界最先端の研究が教える すごい心理学』『世界最先端の研究が教える もっとすごい心理学』（以上、総合法令出版）など多数。その数は200冊を超える。

「人生の質」を上げる習慣
ライフハック100

2024年12月19日　初版発行

著　者　内藤誼人
発行者　野村直克
発行所　総合法令出版株式会社
〒103-0001 東京都中央区日本橋小伝馬町15-18
EDGE小伝馬町ビル9階
電話　03-5623-5121
印刷・製本　中央精版印刷株式会社

ISBN 978-4-86280-974-2
総合法令出版ホームページ　http://www.horei.com/

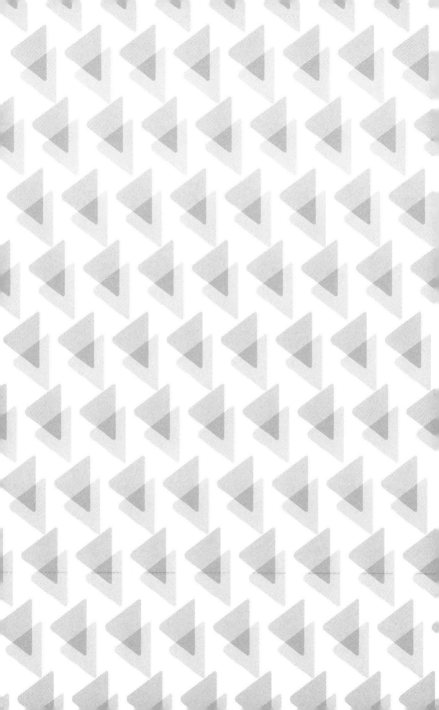

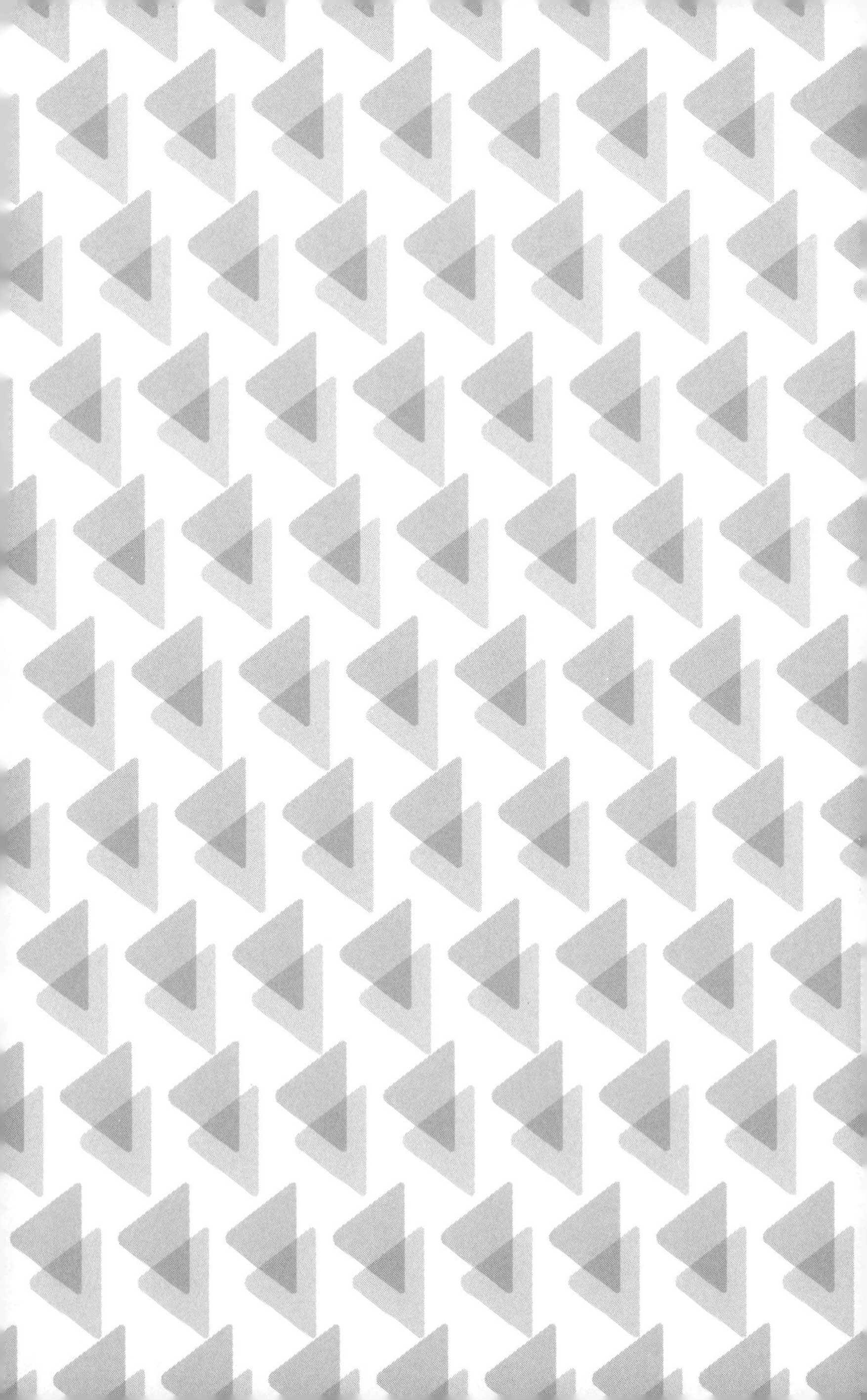